KB275508

충성된 제직 만들기 12주 프로젝트

─교육목회를 위한 청지기 훈련교재 Ⅱ─

충성된 제직 만들기 12주 프로젝트

—교육목회를 위한 청지기 훈련교재 Ⅱ—

이영운 목사 지음

신교횃불

들어가는 말

할렐루야!
위대하시고 거룩하신 하나님의 이름을 찬양할지어다!
주의 양들을 목양하도록 부르심을 입은 자들은
위대하시고 지혜로우신 하나님을 찬양할지어다!

1986년 시카고 근교에 위치한 위튼대학의 빌리그래함센터에서 1988년 한인세계선교대회를 준비하기 시작하던 때에, 시카고 지역에 위치한 교회에서 시무하시던 김홍수 목사님의 부탁으로 그분의 교회에서 제직 훈련 교재로 사용하던 것을 필자가 수정보완하고 영어를 추가하여 이중 언어 교재를 만들기로 이야기가 진행되었었다. 필자와 김 목사님의 개인 사정으로 미루어져오던 교재가 지난 1999년 12월에 첫 권 나오게 되었고, 이제는 둘째 권을 발행하게 되었다.

첫 권이 발행된 후에 필자에게도 많은 일들이 있었다. 여러 권의 책이 번역되어 출판되었고, 또 교육목회@교육선교연구원이 개원되었다. 「헌신된 제직 만들기 12주 프로젝트」 첫 권이 나오기까지 많은 분들의 숨겨진 기도와 조언이 있었듯이, 둘째 권 「충성된 제직 만들기 12주 프로젝트」를 발행하는 데에도 많은 분들의 기도와 조언이 있었다.

이번 둘째 권이 발행되기 위하여 그 동안 교회에서 실제적으로 사용하던 자료를 나눠주신 시카고의 김홍수 목사님(주춧돌교회), 경남의 류종길 목사님(김해제일교회), 인천의 최경호 목사님(천광교회)께 감사를 드린다. 또한 청지기 훈련교재를 실질적으로 사용해주시고 조언을 아끼지 않으신 미주 LA지역의 김동운 목사님(반석교회), 최병수 목사님(인랜드 한인교회), 이정근 목사님(유니온교회), 한국의 남봉현 목사님(수정동교회), 오성택 목사님(남전주교회), 송윤기 목사님(광주교회), 고광배 목사님(순천교회), 그리고 교육목회@교육선교연구원의 식구들에게 감사를 드린다.

청지기 훈련교재 「충성된 제직 만들기 12주 프로젝트」가 출판될 수 있도록 계속해서 격려해주시고, 또 '추천의 글'을 써주신 김상복 목사님(할렐루야교회 담임, 햇불트리니티신학대학원대학교 총장)과 교육목회@교육선교연구원이 실질적으로 활동할 수 있도록 발동을 걸어주신 뉴욕의 이경복 목사님(뉴욕동양선교교회 담임)께 마음 깊은 곳으로부터 감사를 드린다.

2001년 정월 대보름날에 우면산에 기슭에서
필자가

추천하는 글

교육목회를 위한 교재들이 늘 부족한 한국 교회에 「헌신된 제직 만들기 12주 프로젝트」가 나온 지 일 년만에 2권이 발행되게 된 것을 무척 기쁘게 생각합니다. 청지기의 자질과 충성 중심의 훈련 교재들이 시중에 많이 나와 있기는 하지만 자질뿐만 아니라 청지기들이 필수적으로 알아야 하는 기본적인 내용까지 포함시킨 교재는 드문 줄로 압니다.

「충성된 제직 만들기 12주 프로젝트」는 이러한 목마름을 채워주어서 훈련교재로 쓰기에 적절하다고 생각합니다. 본서는 훈련에 맞추어 평가표를 수록했는데, 개인별로 자신이 어떠한 상태인가를 점검해 볼 수 있습니다. 이러한 재료는 크게 진일보한 것입니다. 또한 이 재료는 한국어뿐만 아니라 영어로도 번역되고 있어서, 앞으로는 한국과 북미주를 비롯한 영어권에서 함께 사용할 수 있게 된 것을 크게 기뻐하는 바입니다.

이영운 교수님은 이 교육 훈련 교재를 내는 데에는 너무도 적합한 분이십니다. 미주에서부터 제가 친히 알고 있던 이 교수님은 미주에서의 경험과 충분한 자료, 그리고 개인적인 경험과 함께 수많은 목회자들의 관심을 모으는 기회를 가졌던 분입니다.

이 교수님은 한국과 미국에서 신학을 공부하셨고, 교단 교육국에서의 섬김을 통해 개교회적인 면만이 아니라 더 넓은 정책과 비전을 공유하고 계신 분입니다. 지금은 서울신학대학교와 횃불트리니티신학대학원대학교에서 기독교교육을 가르치며 목회자 과정을 위한 과목들을 다루고 계십니다.

특히 첫 권이 출판된 후에 재판까지 인쇄하고, 계속해서 둘째 권이 출판되게 된 것을 축하드리며, 학문과 실무 경험과 교수 경험을 종합적으로 갖추신 이영운 교수님의 저서가 한국교회를 비롯해서 미주교회에도 널리 활용되어 교육목회에 크게 이바지하게 될 줄 믿습니다.

2001년 2월
햇불트리니티신학대학원대학교
총장 김 상 복

목 차

1권

본서의 특징

1. 각 교회에서 청지기훈련/제직훈련 교재로 사용할 수 있도록 만들었다.

2. 개인적으로 공부하는 분들이 혼자서 공부하고 난 후에 본인의 신앙의 척도를 가늠할 수 있도록 매과의 끝에는 "자신의 평가표"를 만들었다.

3. 1권과 2권으로 나누어 편집함으로써 각 교회에서 봄, 가을로 제직훈련을 나누어 할 수 있도록 만들었다.

4. 1권에서는 평신도가 제직이 되기 위한 훈련과정을 주로 택하여, 제직의 기본적인 면을 주로 다루었다.

5. 2권에서는 현재의 제직들이 청지기로서의 사명을 잘 감당하게 하기 위해서 청지기에게 꼭 필요한 필수적인 내용을 깊이 있게 다루었다.

6. 지도자용과 학습자용을 구분해서 목회자들이 교회에서 청지기를 훈련할 때 교육효과를 극대화할 수 있도록 구성했다. 특히 학습자용에는 빈 칸을 제공함으로써 학습자의 집중효과를 높일 수 있도록 배려했다. 학습자용에 있는 빈 칸에 대한 해답을 지도자용에는 〔   〕안에 넣어서 교육할 때 혼동이 없도록 했다.

7. 각 교파간의 쟁점이 되는 부분은 가능한 배제함으로써, 어느 교파에서나 활용할 수 있도록 힘썼다.

성령충만한 생활

· 성령

· 성령충만

· 성령의 은사

· 성령에 대한 우리의 자세

 성령충만한 생활

훈련목표

우리는 자주 성령충만케 해달라고 기도하지만, 성령이 어떤 분이신지 모를 때가 많다. 본서는 성령님이 어떤 분이신지, 또 성령충만의 비결은 무엇인지 제시한다. 본서를 통해 성령충만한 삶을 살기 바란다.

교회생활할 때 가장 많이 듣는 말은 성령충만이 아닌가 여겨진다. 하지만 성령충만에 대한 이해가 명확하지 않고, 또 어떻게 성령충만을 받을 수 있는지, 어떻게 성령충만한 삶을 살 수 있는지 알지 못하는 청지기들을 우리 주변에서 많이 보게 된다.

청지기로서 충성스럽게 그 직무를 감당해 나가며, 하나님께 영광을 돌리는 일꾼이 되기를 원한다면 성령충만한 삶을 살아야 한다.

성 령

1. (삼위일체)로서의 성령

기독교 교리 중 가장 이해하기 어렵고, 또 신비에 속하는 것이 바로

〔삼위일체〕이다. 〔삼위일체〕란 한 본성, 한 본질, 한 실체이신 한 하나님이, 절대로 나누어질 수 없는 본체 속에 세 개의 속성, 즉 세 인격을 소유하고 계시다는 뜻이다. 3개의 위(位), 3개의 의식을 가지고, 각각의 〔역할〕과 〔직분〕을 갖고 계시다는 것이다. 천지를 창조하시고, 섭리하시고, 운영하시는 〔성부 하나님〕과 우리 죄를 위하여 십자가를 지시고 우리의 죄를 속하여 주시며 우리에게 구원의 길을 열어주신 〔성자 예수〕그리스도와 또한 우리 믿는 성도들의 마음속에 내재하시면서 우리로 하여금 승리의 생활을 할 수 있도록 인도하시고 역사하시는 〔성령〕의 3위로 존재하신다는 말씀이다.

삼위일체를 이해하는 데 도움이 되는 가장 좋은 예로, 전기를 든다. 전기는 빛을 발산하는 전기, 열을 내는 전기, 기계를 움직이게 하는 에너지(힘)로서의 전기가 있다. 세 가지를 다 설명해야 전기를 이해할 수 있는 것이다. 마찬가지로 필자는 교인들에게는 〔목사〕로, 학생들에게는 〔교수〕로, 아들에게는 〔아버지〕로, 아내에게는 〔남편〕으로 그 위(位)가 다르다. 삼위일체도 이런 식으로 이해하면 쉽다. 청지기는 부모님께는 자녀로, 부부간에는 서로 남편과 아내로, 자녀에게는 부모로서 그 위(位)가 다른 것과 같은 것이다.

성령님은 이 삼위일체 중 한 위를 차지하고 계신 인격적인 분이시다.

가. 〔삼위일체〕가 명시된 성경구절들

· 성도들이 세례받을 때 – 마 28:19

· 예수님께서 세례받으실 때 – 요 1:27-33

· 사도 바울의 축도 내용 속에 – 고후 13:13

· 기타 – 요 14-16장; 엡 2:18; 벧전 1:21-22

나. 〔아들(예수님)〕을 하나님이라고 부른 구절들

· 요 1:1, 20:28; 딤전 3:16; 히 1:8

다. 〔성령〕을 하나님이라고 부른 구절들

· 요 4:24; 고후 3:3(하나님의 영); 행 5:3-5

(성령을 하나님이라고 직접 언급하지 않았으나 혼용해서 사용)

라. 구약에서 〔삼위일체〕의 진리를 암시한 구절들

· 창 1:26 – 우리의 형상대로 인간을 만들자

· 창 11:7 – 우리가 내려가서

· 신 6:4 – 하나님을 복수형으로 사용

· 사 6:8 – 누가 우리를 위하여 갈꼬

마. 기타 참고 사항

· 예수님께서 이 세상을 떠나면서 성령을 우리에게 주시겠다고 약속하셨다:

요 15:26

주후 325년 니케아 종교회의에서 정식으로 삼위일체 교리를 채택하였다.

2. 〔성령〕에 대한 명칭

성경에는 〔성령〕에 대한 여러 가지 호칭이 기록되어 있다.

· 그리스도의 영: 롬 8:9

· 기름 부음: 요일 2:27

· 대언의 영: 계 19:10

· 보혜사: 요 14:16, 26, 15:26, 16:7, 8

· 살리는 영: 요 6:63; 롬 8:11; 고후 3:6; 벧전 3:18

· 생명의 성령: 롬 8:2

· 선한 신: 느 9:20

· 성결의 영: 롬 1:4

· 성령: 마 1:20

· 소멸하는 영: 사 4:4

· 심판하는 영: 사 4:4

· 아들의 영: 갈 4:6

· 영광의 영: 벧전 4:14

· 영원하신 성령: 히 9:14

· 은총과 간구하는 심령: 슥 12:10

· 은혜의 성령: 히 10:29

· 일곱 영: 계 1:4

· 주 여호와의 신: 사 61:1

· 주의 성신: 시 51:11

· 주의 신: 시 143:10

· 주의 영: 행 8:39

· 중재자 또는 위로자: 요 14:16

· 지혜로운 영: 출 28:3

· 지혜와 총명의 신: 사 11:2

· 진리의 영: 요 14:17, 15:26, 16:13; 요일 4:6

· 하나님의 신: 창 1:2

· 하나님의 영: 요 4:24; 고후 3:3

3. 〔성령〕의 활동

예수께서는 부활 승천하신 후에 약속하신 대로 성령(보혜사)을 보내 주셨다. 성령님은 우리 성도들의 마음속에 내재하시면서 여러 가지 중요한 활동을 하고 계신다.

· 창조 사역에 참여하셨다: 창 1:2

· 지혜와 이해와 지식을 주신다: 출 31:3; 사 11:2

· 부정을 정케하신다: 사 4:4

· 아름다운 소식을 전할 능력을 주신다: 사 61:1

· 성도의 마음속에 내재하신다: 겔 36:27; 요 14:17; 롬 8:9; 고전 3:16; 요일 2:27, 3:24

· 성령을 부어주실 것을 약속하셨다: 슥 12:10; 욜 2:28; 마 3:11

· 거듭나게 하신다: 요 3:5

· 예수를 증거하신다: 요 15:26-27

· 세상을 심판하신다: 요 16:7-8

· 진리로 인도하며, 진리를 알게 하며, 장래 일들을 가르쳐 주신다: 요 16:13; 행 8:39

· 예수를 영화롭게 하신다: 요 16:14

· 보혜사로서(요 14:16), 예수께서 우리에게 하신 말씀들을 기억나게 하신다(요 14:26).

· 전도할 능력을 주신다: 행 1:8

· 우리가 구원받은 하나님의 자녀인 것을 증거하신다: 롬 8:16; 갈 4:6; 요일 4:13

· 우리를 가르치고 교훈하신다: 행 9:20; 눅 12:12; 요 14:26; 고전 2:13; 요일 2:27

· 생명을 부여하신다: 롬 8:2

· 우리의 기도를 도우신다: 롬 8:26

· 공의를 베풀게 하신다: 사 42:1

· 선한 일, 병 고치는 능력, 악령에 사로잡힌 자를 해방시키는 능력을 주신다: 행
  10:38

· 은사를 베푸신다: 고전 12:8-11

· 열매를 맺게 하신다: 갈 5:22, 23

· 인치신다: 엡 1:13

성령충만

1. 〔성령〕의 임하심

· 〔성령〕을 보내주시겠다고 약속하신 주님의 약속들: 요 14:16-18, 15:26

· 〔성령〕을 받기 위한 준비를 하라고 제자들에게 명령하심: 눅 24:49

· 제자들이 주님의 명령대로 약속하신 성령을 받기 위하여 예루살렘에서 기도
  하면서 기다림(마가의 다락방에서 120명의 성도들이 모여서 기도함): 행
  1:4-6, 15

· 그 후 사도행전 기사를 보면(성령의 행전) 사도들의 손을 통하여 성령의 역
  사와 이적이 일어났으며, 수많은 신자들이 〔성령〕의 충만함을 받는 역사가
  일어났음.

· 초대 교회 때 오순절날 성령이 임했다: 행 2:1-4

· 그 후 그들은 또 다른 충만함을 체험했다: 행 4:31

· 바울은 회개한 후에 즉시 성령으로 충만했다: 행 9:17

· 수년 후에 그는 다시 성령충만함을 받았다: 행 13:9

"너희는 성령을 좇아 행하라 그리하면 육체의 욕심을 이루지 아니하리라 (육체의 소욕)은 성령을 거스리고 (성령의 소욕)은 육체를 거스리나니 이 둘이 서로 대적함으로 너희의 원하는 것을 하지 못하게 하려 함이니라"(갈 5:16-17).

여기에서 우리는 성령충만함은 일회적 사건이 아니라, 반복적인 체험이라는 사실을 알 수 있다.

2. (성령충만)의 의미

(성령충만)을 이해하는 데 도움이 되는 말씀은 누가복음 1장, 사도행전 2장, 에베소서 5장에 있다.

"술 취하지 말라 이는 방탕한 것이니 오직 성령의 충만을 받으라"고 했는데, 술 취함과 성령충만을 성경에서는 세 번이나 비교하고 있다: 눅 1:15; 행 2:4, 13; 엡 5:18

술 취함과 성령충만에서 공통적인 것은 '지배의 문제'로서, 술 취한 사람은 알코올의 지배를 받아서 행동하고, 성령충만한 사람은 성령의 지배를 받아서 행동한다. 그러므로 성령충만한 생활은 성령의 지배를 받는 생활을 뜻한다.

아울러 "술취하지 말라 이는 방탕한 것이니 오직 성령의 충만을 받으라"(엡 5:18)는 명령은 선택의 생활이 아니라 의무적인 삶이고, 하나님께서 내리신 명령이기에, 청지기들은 성령으로 충만한 삶을 살아야 한다.

3. 〔성령〕의 내재하심과 〔성령충만〕의 차이점

우리들이 죄를 회개하고 예수 그리스도를 마음속에 구세주로 영접하게 될 때에 우리는 구원을 얻으며, 하나님의 자녀가 된다. 그와 동시에 성령께서 우리의 마음속에 들어오셔서 내재하신다. 그러나 성령의 내재만으로는 충분하지 않다. 그 후에 우리는 이 성령으로 하여금 우리 생 전체를 주관하실 수 있도록 전권을 드리며 우리 자신의 100%를 성령께 드리는 신앙의 결단(철저한 회개와 겸손한 자세로 온전히 주의 뜻에 순복하는 자세)을 하여야 한다. 그러한 순간에 성령께서 우리 마음속을 충만하게 채우시고 충만하게 역사하시게 되며, 이 때 우리는 초자연적인 능력을 체험하고, 은사를 받으며, 넘치는 기쁨을 체험하게 된다.

우리 청지기들이 이 두 번째 단계의 성령충만의 체험을 모두 해야 능력을 얻어 자신있는 전도자가 되며, 매일의 신앙생활에서 기쁨이 충만한 승리자가 된다.

4. 〔성령충만〕함을 받은 예

· 70장로들: 민 11:25

· 발람: 민 24:2

· 옷니엘: 삿 3:10

· 기드온: 삿 6:34

· 삼손: 삿 14:6

· 사울: 삼상 10:10

· 다윗: 삼상 16:13

· 사울의 심부름꾼들: 삼상 19:20

· 예수님: 눅 4:1

· 시므온: 눅 2:25

· 베드로: 행 4:8

· 스데반: 행 7:55

· 오순절의 성도들: 행 2:3

· 고넬료와 가족들: 행 10:44

· 바나바: 행 11:24

· 바울: 행 13:9

· 에베소교회 성도들: 행 19:6   · 제자들: 행 13:52
· 사마리아 신도들: 행 8:17

5. [성령충만]의 결과 – 에베소서 5장, 사도행전 2장

성경은 성령충만을 받은 성도들이 어떤 아름다운 결과를 얻었는지 묘사해주고 있다. 성령충만을 받은 청지기는 다음과 같은 결과가 있어야 한다.

가. [성령충만]한 청지기는 [기쁜 마음]으로 하나님을 섬기고 예배하게 된다. "시와 찬미와 신령한 노래들로 서로 화답하며 너희의 마음으로 주께 노래하며 찬송하며"(엡 5:19).

나. [성령충만]한 청지기는 언제나, 어디서나, 어떤 조건에서나 [감사]하게 된다. "범사에 우리 주 예수 그리스도의 이름으로 항상 아버지 하나님께 감사하며"(엡 5:20).

다. [성령충만]한 청지기는 [순종]하는 사람이다. "그리스도를 경외함으로 피차 복종하라"(엡 5:21).

라. [성령충만]한 청지기는 봉사, 전도, 간증을 하게 될 때, [능력]을 받는다. "오직 성령이 너희에게 임하시면 너희가 권능을 받고 예루살렘과 온 유대와 사마리아와 땅 끝까지 이르러 내 증인이 되리라"(행 1:8). 오순절에 성령이 강림했을 때, "저희가 다 성령의 충만함을 받고"(행 2:4).

마. 〔성령충만〕은 박해나 고통, 희생과 같은 위기 상태에 대비해서 하나님의 청지기들을 〔무장〕시켜 준다. 스데반은 예루살렘교회의 첫 순교자였다. 그는 베드로나 요한처럼 적의 수중에서 해방되지 못하고 잔악하게 죽임을 당했지만, 이미 위기를 대비해서 무장된 순교자였다. 스데반은 사도들이 자기의 보조자를 구할 때 처음으로 성령충만함을 인정받았다(행 6:3-5). 짧은 시간에 스데반은 무리 가운데서 큰 이적을 행했다(행 6:8).

바. 〔성령충만〕은 하나님의 자녀가 사탄의 대적을 잘 이길 수 있게 해 준다.

사. 〔성령충만〕의 가장 유익한 결과는 그리스도를 〔닮는〕 것이다. 성령의 사역은 그리스도를 영화롭게 하기 위한 것이지 성령 자신이나 우리 중 어느 누구를 위한 것이 아니다. 예수께서 말씀하셨다. "그러하나 진리의 성령이 오시면… 그가 내 영광을 나타내리니 내 것을 가지고 너희에게 알리겠음이니라"(요 16:13-14), "그가 나를 증거하실 것이요"(요 15:26).

성령의 은사

1. 성령의 은사와 열매

우리가 성령의 충만함을 받을 때 하나님께서는 당신의 뜻에 합당하게 각 성도들에게 필요한 대로 각종 성령의 놀라운 은사를 허락하여 주신다. 우리 신자들은 누구나 성령의 충만함을 체험해야 하고, 성령의 놀라운 은사들을 받을 수 있는 대로 다 받아야 한다.

가. 〔성령〕의 은사의 종류

고린도전서 12:4-11에 기록된 성령의 은사의 9가지 종류: 지혜의 말씀, 지식의 말씀, 믿음, 병 고치는 은사, 능력 행함, 예언함, 영들 분별함, 각종 방언을 말함, 방언들 통역함.

나. 〔성령〕의 열매

성령의 충만함을 받으면, 그 은혜 받은 성도의 생활 가운데 성령의 열매를 맺어야 한다. 또한 그 열매를 주위 사람들이 기대하고 있다. 9가지 성령의 은사처럼 성령의 열매도 9가지를 소개하고 있다.

"오직 성령의 열매는 사랑과 희락과 화평과 오래 참음과 자비와 양선과 충성과 온유와 절제이니 이 같은 것을 금지할 법이 없느니라"(갈 5:22-23).

2. 〔성령〕의 은사를 주시는 목적

· 사도행전 1:8 - 〔성령〕의 충만함을 통하여 우리에게 여러 가지 성령의 은사를 주시는 것은 우리의 힘으로 할 수 없는 능력을 주시기 위함이요, 이 능력을 주심은 우리로 하여금 그리스도의 증인(전도)으로 만들려 하심이다. 그러므로 우리가 받은 은사와 능력을 궁극적으로 전도의 목적 외에 다른 용도로 사용한다면 이는 우리가 받은 은사를 하나님의 뜻대로 사용하지 못하는 것이다.

· 로마서 1:11 - 우리에게 은사를 나눠주심은 성도들을 견고케 하시

기 위함이고, 또 온전케 하며, 봉사의 일을 하게 하며, 그리스도의 몸을 세우기 위함이다(롬 12:6-8; 엡 4:11-12).

· 로마서 12:6-8 – 교회와 성도를 섬기기 위해서 주셨다. 성도들이 하나님께로부터 받은 은사를 자랑이나 자기를 드러내기 위해서나 돈벌이 수단으로 사용해서는 안 된다.

· 고린도전서 12:7 – 우리에게 각종 은사를 주심은 모든 사람을 "유익하게" 하려 함이다. 그러므로 은사를 받은 사람들이 그 은사를 사용함에 있어서 결과적으로 교회에서나 이웃에게 유익이 되지 못하고 오히려 부덕이 된다면 이는 받은 바 그 은사를 잘못 사용하고 있음을 기억해야 한다.

3. 성령의 은사를 받는 우리의 자세 – 고린도전서 12장과 로마서 12장

· 은사의 종류는 여러 가지이다. 그러나 이것을 주시는 성령은 한 분이시다(고전 12:4-5; 롬 12:4).

· 이 은사를 통하여 여러 가지 역사가 일어나고 여러 다른 직임을 갖게 되나, 그 모든 사람 뒤에서 역사하시는 하나님은 한 분이시다(고전 12:5-6; 롬 12:4-5).

· 이 성령의 은사는 여러 가지이다. 고린도전서 12:8-10에는 9가지 은사가 기록되어 있고, 로마서 12:6-8에는 7가지 은사가 기록되어 있다.

· 이 모든 은사를 하나님께서 하나님의 뜻대로 각자의 형편과 필요와 목적에 따라 선택하여 주시는 것이다(고전 12:11, 18).

· 우리는 성령의 세례를 통하여 그리스도 안에서 구원을 받아 하나님의 몸된 교회인 그리스도의 지체의 일부분이 된다. 우리는 각자가

맡은 은사대로 몸된 교회의 건강과 성장을 위하여 노력하며, 그 맡은 바 은사를 이 목적을 위하여 잘 사용하여야 한다(고전 12:12-13).

· 그러므로 서로 다른 은사를 받은 성도들은(지체들은) 서로가 서로를 존중하며(21절), 각자 자기 은사대로 그 사명을 성실하게 수행하며(17절), 서로 분쟁(시기, 질투, 교만, 비난)하지 말며(25절), 서로가 서로를 돌아보는 자세를 가지고 은사를 사용하여야 한다(25절).

· 우리 성도들은 아무리 좋은 은사를 받았을지라도 같은 지체되는 다른 부분(신자)이 고통을 당하면 함께 고통을 당하고, 영광을 얻으면 함께 영광을 누리는 공동체 의식을 가지고 살아야 한다. 그러므로 우리는 서로가 서로를 보호하고, 아끼고, 위하며, 협조하여야 할 것이다(고전 12:26).

· 그러므로 성령의 충만함을 통하여 은사를 받은 자들은 그것으로 교만하지 말며, 받지 못한 자를 무시, 경멸, 또는 평가, 비판하지 말 것이며, 오히려 그들을 위하여 사랑하는 마음으로 기도하고, 그 은사를 사용할 때 항상 〔절제〕와 〔겸손〕의 열매를 맺어야 한다. 동시에 은사를 받지 못한 자들은 받은 자들을 비판하거나 시기 질투하지 말며, 색안경을 쓰고 보지 말고, 오히려 자신도 그런 신앙체험을 얻게 해 달라고 간절히 기도할 것이며, 그들을 자랑스럽게 여길 수 있는 마음을 가져야 한다.

4. 〔성령〕의 은사를 받는 방법

은사를 주시는 분은 성령이시지만, 성령의 은사를 받는 우리도 준비해야 할 자세가 있다.

- 이 (성령의 은사)는 깨끗한 마음속에 임하신다. 즉 철저하게 회개한 마음속에 임하신다.
- 이 (성령의 은사)는 빈 마음속에 임하신다. 즉 겸손한 마음속에 임하신다.
- 이 (성령의 은사)는 온전히 순종하는 마음속에 임하신다. 하나님의 뜻을 순종하는 마음에 임하신다. 즉 숨은 죄, 감춘 죄, 고백하지 못한 죄를 품고 있는 마음속에는 성령의 충만함이 절대로 임할 수 없으며, 또한 불순종하는 마음, 교만한 마음속에는 성령의 충만함이 절대로 임할 수 없음을 알아야 한다.
- (성령)의 충만함은 한 번 받았다고 해서 영원히 지속되는 것이 아니므로 항상 충만 상태를 유지하려는 우리의 끊임없는 노력과 기도가 있어야 한다(엡 5:18 – 성령의 충만함을 받으라: 현재진행형으로 계속적인 동작을 말한다).
- (성령)의 충만함을 받으며 성령의 은사를 받을 수 있는 장소: 성령의 충만함과 은사를 받는 어떤 특정한 시간이나 장소가 있는 것이 아니므로 언제나 어디서나 받을 수 있다. 교회, 특별기도회, 수양회, 부흥회, 산기도, 기도원, 골방, 가정집 등 언제 어디서나 자신이 준비되었을 때에 받을 수 있는 것이다.

성령에 대한 우리의 자세

1. 성령을 (소멸)하지 말라.

우리가 성령의 음성에 대하여 불순종할 때 성령을 소멸하는 결과를 가져온다(살전 5:19).

2. 성령을 〔근심〕케 말라.

"하나님의 성령을 근심하게 하지 말라 그 안에서 너희가 구속의 날까지 인치심을 받았느니라"(엡 4:30). 우리가 세상의 자랑, 육신의 정욕, 사탄의 유혹에 순종하여 따라갈 때, 성령께서 근심하고 탄식하신다.

3. 성령의 〔충만함〕을 입으라.

늘 깨끗한 마음, 겸손한 마음으로 성령충만을 유지해야 한다(엡 5:18).

4. 성령에 〔순종〕하는 생활을 하라.

갈라디아서 5:16에서는 성령께 순종하는 생활이 육신을 이길 수 있는 유일한 힘이라고 가르친다.

5. 우리 성도들은 받은 바 은사가 무엇인지를 기도하는 가운데 〔발견〕하여 그 받은 바 은사대로 하나님의 몸된 교회에서 봉사하며 은사를 사용하며 전도하며 하나님께 영광을 돌리는 생활을 해야 한다(마 25:14-30의 달란트 비유를 공부하라).

6. 성령의 〔열매〕를 맺는 생활을 계속해서 유지하라.

승리하는 삶을 살아가는 청지기들을 통해서 발견할 수 있는 성품들이 있다. 그 성품들은 청지기들의 능력이 아니라, 성령의 충만한 삶을 통해서 이루어지는 것이다. 다른 말로 표현하면, 성령의 능력을 힘입어 "성령의 열매"를 맺는 삶이라고 성경은 분명하게 밝혀준다. 성경은 "오직 성령의 열매는 사랑과 희락과 화평과 오래 참음과 자비와 양선과 충성과 온유와 절제니"(갈 5:22 -23)라고 밝힌다.

한편 대학생선교회(CCC)를 창설한 빌 브라이트 목사님은 성령의 열매는 사랑인데, 이것들이 다르게 표현된다고 하면서 다음과 같이 이 구절을 해석한다.

"성령의 열매는 사랑이다.

기쁨(희락)은 사랑의 힘이다.

평안(화평)은 사랑의 보증이다.

오래 참음은 사랑의 인내다.

친절(자비)은 사랑의 행위다.

선함(양선)은 사랑의 특성이다.

충성은 사랑의 확신이다.

온유는 사랑의 겸손이다.

절제는 사랑의 승리다."

7. 성령의 [은사]를 받기 위해서, 또 성령의 [열매]를 맺기 위해서 계속해서 기도하라.

우리 성도들은 하나님께서 주시는 은사를 받기 위하여 간절하게 기도해야 하며, 주시면 감사한 마음으로 그 주신 목적을 위하여 사용해야 한다. 혹시 주시지 않더라도 실망하거나 원망하는 일이 없어야 하며 은사 중에 가장 좋은 것을 사모해야 한다. 가장 좋은 은사는 사랑이다(고전 13장).

1. 보혜사 성령께서 하나님이심을 믿고 섬기라(요 14:6, 15:26).

2. 성령을 근심케 말라(엡 4:30).

3. 성령의 충만함을 입으라(엡 5:18).

4. 성령께 순종하는 생활을 하라(갈 5:16).

5. 받은 바 은사를 깨달아, 그 은사대로 하나님의 몸된 교회를 섬겨

   하나님께 영광을 돌리라(마 25:14-30; 고전 12:4-11).

6. 성령의 능력을 받으라(행 1:8).

7. 성령의 내재하심을 믿고 소멸하지 말라(살전 5:19).

8. 성령의 열매를 계속해서 맺으라(고전 12:12-29).

9. 성령을 거스르지 말라(갈 5:16-17).

10. 성령을 좇아 행하라(갈 5:16-17).

청지기는 성령충만한 생활을 해야 하며, 성령충만한 청지기라야 교회나, 가정, 그리고 사회에서 자신의 직분을 잘 감당할 수 있습니다. 자기 평가를 해보시기 바랍니다.

1. 성령 충만을 받기 위해서 올바로 믿고 있는가? 다음 문항에 맞는 성경구절을 적어 보자.

가. 성령님은 하나님의 나라를 위해서 사역하도록 은사를 베푸신다.

나. 성령님께서 베푸시는 은사는 각기 다를 수 있다.

다. 은사는 여러 가지이지만 성령님은 한 분이시다.

2. 성령의 은사를 받기 위한 우리의 자세는 어떠한가? 다음 문항에 맞는 성경구절을 적어보자.

가. 성령의 은사의 종류는 여러 가지이다.

나. 성령님께서 베푸시는 은사는 각기 다를 수 있다.

다. 은사는 여러 가지이지만 성령님은 한 분이시다.

3. 성령님에 대한 우리의 자세를 점수로 표시하자. (%)

가. 성령을 소멸하지 않는다.	20	40	60	80	100
나. 성령을 근심케 하지 않는다.	20	40	60	80	100
다. 성령의 충만함을 사모한다.	20	40	60	80	100
라. 성령님께 순종한다.	20	40	60	80	100
마. 받은 바 은사를 깨닫고 있다.	20	40	60	80	100
바. 받은 바 은사를 최대한 사용한다.	20	40	60	80	100

제14과 금식기도 생활

- 금식기도에 대한 정의
- 성경에 기록된 금식기도들
- 금식기도에 대한 경고
- 하나님께서 기뻐하시는 금식기도
- 금식기도 진행 방법
- 금식기도를 통하여 영육간에 얻는 유익과 능력
- 금식기도의 실천을 위한 제안들

제14과 금식기도 생활

훈련목표

금식기도는 우리에게 필요하기 때문에 가르쳐 주신 중요한 기도생활의 일부분이다. 그러나 때로는 금식기도에 대한 올바른 성경적인 지식이 부족함으로 초래되는 많은 부작용을 볼 수 있다. 본과에서 우리들은 금식기도에 대한 성경의 가르침을 배우고 실천함으로써 신앙생활에서 능력을 체험할 수 있다.

1. 금식기도에 대한 정의

· 음식을 〔먹지 않는다〕는 금식 그 자체에 강조를 두는 것이 〔아니다〕.

· 금식 그 자체가 어떤 초자연적인 힘을 가지고 능력이나 역사를 이루는 것이 〔아니다〕.

· 기도에 너무 열중하거나 또 간절하여서 식사에 대한 관심이나 의욕을 잊어버리거나 끊은 상태로 하나님과 대화를 나누는 그 상태가 바로 진정한 금식기도의 자세이다.

· 금식은 자기부인(自己否認)이다. 자기를 부인하는 그리스도인은 자신의 모든 것을 덜 중요하게 생각하게 되며, 하나님의 영광스런 주권을 깨닫는 데에 이르게 된다.

2. 성경에 기록된 금식기도들

성경에 보면 많은 사람들이, 특히 주의 사역자들이 여러 경우에 여러 가지 [특별한 목적]을 두고 금식기도로 하나님께 매달린 사실을 볼 수 있다. 금식기도는 [성경적]인 것이며, 성경에서 이를 격려하고 또 강조한다.

가. 구약에 기록된 금식기도들

- [친구]를 위한 금식기도: 삼하 1:11-12 - 다윗이 사울과 요나단의 죽음을 슬퍼하며 금식
- 죄를 [회개]하기 위한 금식기도: 느 9:1; 단 9:3-9; 삿 20:26; 삼상 7:6; 욘 3:7
- [조국]을 위한 금식기도: 에 4:3 - 온 민족이 국가를 위하여 금식을 행함
- [환자]의 완쾌를 위한 금식기도: 시 35:13 - 다윗의 병자를 위한 금식기도
- [억울한 호소]를 위한 금식기도: 시 109:23-24 - 다윗이 억울한 마음을 호소하며 한 금식기도
- [불안한 마음]을 위한 금식기도: 단 6:18 - 바벨론 왕이 다니엘을 위하는 마음으로 괴로워서 금식
- [왕]의 죽음을 슬퍼하며 금식기도: 삼상 31:13 - 이스라엘 백성이 사울의 죽음을 애도하며 7일 금식
- [승리]를 위한 금식기도: 대하 20:3 - 전쟁의 승리를 위한 금식기도
- 백성들의 [편안한 생활]을 위한 금식기도: 스 8:21 - 백성의 평안을 위한 금식기도
- 민족의 존망이 달려있는 [전쟁] 때의 금식기도: 삿 20:26; 대하 20:3
- 하나님과 [깊은 교제]를 원할 때의 금식기도: 출 34:28

· 개인의 죄와 국가의 죄를 〔통회〕하기 위한 금식기도: 단 9:3; 욜 2:12

· 나라가 어려움을 당할 때의 금식기도: 단 6:16-18, 9:3; 삿 20:26

· 무서운 〔재앙〕이 있을 때의 금식기도: 욜 1:13-20

나. 신약에 나타난 금식기도들

· 공생애 즉 〔전도생활〕 준비 금식기도: 마 4:2- 예수님의 금식기도

· 요한의 제자들의 금식기도: 눅 5:33

· 바리새인들의 금식기도: 눅 18:12

· 바울과 바나바의 〔선교사 파송〕을 위한 금식기도: 행 13:1-2

· 〔장로 장립〕을 위한 금식기도: 행 14:23

다. 금식기도와 성령의 역사

누가복음 4:1-15의 예수님의 금식기도와 성령님의 역사를 고찰하여 보면 다음과 같은 귀한 영적 사실을 발견할 수 있다.

· 금식기도를 하도록 〔인도〕하시는 분은 성령: 성령에 이끌려 광야로 가심.

· 금식할 수 있도록 〔능력〕을 주시는 분은 성령: 40일 금식하심.

· 금식 후에 〔새로운 능력〕을 주시는 분도 성령(14절).

3. 금식기도에 대한 경고 – 잘못된 금식기도를 책망하심

가. 구약시대

· 슥 7:5 – 인간들이 의미 없는 금식기도를 정해놓고 실천(형식적인 금식기도).

· 왕상 21:12-13 – 나봇의 포도원을 뺏기 위하여 금식을 남용함.

· 사 58:3-5 - 금식하면서 오락을 즐기는 것(3절), 금식하면서 서로
다투는 것(4절), 목소리로만 기도하는 금식기도는 위선적인 기도로
서, 형식적인 외모만 갖춘 금식기도이다(5절).

나. 신약시대
· 마 6:16 - 사람에게 보이기 위한 금식기도와 남이 하니까 나도 하
는 체면적인 금식기도 등, 형식적인 금식기도를 경고하심.

다. 현대인
· 금식기도를 할 때, 현대인들이 갖고 있는 가장 큰 유혹은 '내가 누
구보다 더 오랫동안 금식기도했다' 라는 생각이다. 이것은 금식기도
가 아니라 자랑이며 탐욕이다. 육체적이고 정욕적이며 이생의 자랑
이다.
· 심지어 어떤 신자들은 자기 명함에 '19**년도에 40일 금식기도' 라
는 문구까지 넣어 갖고 다니는데, 이는 〔잘못된〕 금식기도의 대표
적인 예이다. 이런 행동은 마태복음 6:5-6의 은밀하게 기도하라는
말씀에 위배된다.

4. 하나님께서 기뻐하시는 금식기도 - 그 목적과 결과면에서 볼 때

"나의 기뻐하는 금식은 흉악의 〔결박〕을 풀어주며 멍에의 줄을 끌러 주며 압
제당하는 자를 자유케 하며 모든 멍에를 꺾는 것이 아니겠느냐 그리하면 네
빛이 아침같이 비칠 것이며 네 치료가 급속할 것이며 네 의가 네 앞에 행하고
여호와의 영광이 네 뒤에 호위하리니" (사 58:6, 8).

이사야 58:6, 8에 나타난 금식기도는 분명히 결과가 나타나는 금식기도로서, 자신을 위한 것이 아니라 타인을 위한 금식기도이며, 하나님께서 기뻐하시는 금식기도이다.

(1) 흉악의 〔결박〕에서 풀어주며(죄악의 결박, 사탄의 노예에서 해방: 죄 문제 해결)

(2) 멍에의 〔줄〕에서 끊어주며(습관의 줄, 세상의 보이지 않는 줄에서 끊어주는 축복)

(3) 압제에서 자유(해방케 함): 근심, 걱정, 우환, 염려의 압박에서 해방됨.

5. 금식기도 진행 방법 – 금식기도에 대한 준비, 진행, 그리고 기도 후에 해야 할 사항들

실제적인 금식기도보다는 금식기도 전과 금식기도 후에 어떻게 처리하는가가 더욱 중요하다.

가. 금식기도 전에 준비할 사항

· 몸과 마음을 〔겸손히〕 준비하고, 모든 세상 사람과 세상 일을 다 끊는다(느 9:1-3).

· 장기금식을 계획했을 때는, 〔예비금식〕 기간을 두고, 이 기간 중에 몸 속의 기생충을 제거하기 위해서 구충제를 복용하고, 끼니를 세 끼에서 두 끼와 한 끼로 미리 줄여가면서, 대장 내의 음식물이 남지 않도록 위와 장을 깨끗하게 해야 함.

나. 금식기도를 할 시기: 일반적으로 금식기도는 〔목적〕을 갖고 기도

하는 시기에 함.
- 어려운 일, 답답한 일, 억울한 일을 당하였을 때에 금식기도로 하나님께 호소.
- 죄를 짓고, 죄의식으로 고민하여 영력을 잃을 때에 금식기도로 죄 문제를 해결.
- 근심, 걱정, 압력, 불안, 초조할 때 금식기도로 마음의 평안과 자신을 회복.
- 몸의 병으로 고생할 때 금식기도로 신유의 체험을 함.
- 중대한 결정을 하기 전에(사업, 결혼, 학교, 신앙결단, 충성 등) 금식기도로 하나님의 뜻을 찾음.
- 교회에서 영적 지도자로 직임을 받을 때 금식기도로 영력을 체험하며 직임을 위해 준비.
- 대인관계에서 평화가 없을 때(누구를 질투, 미워할 때) 금식기도로 이길 힘을 얻음.
- 교회나 가정에 문제가 있을 때에 금식기도로 그 해결책을 얻음.

다. 금식기도의 장소 선정

처음으로 시작하는 금식기도는 가능하면 〔기도원〕이나 〔교회〕 또는 〔조용한 곳〕에서 하는 것이 유익하며, 직장을 다니면서 혹은 가정 일을 돌보면서 하는 것은 대단히 힘이 들기 때문에 바람직하지 않다.

라. 금식기도 중에 해야 할 일: 느9:3
- 시간의 1/4은 자기와 자기 조상의 〔죄를 회개〕하는 기도 시간으로 보낸다.
- 시간의 1/4은 〔말씀〕을 읽으며(성경을 읽으면서 금식기도를 해야

시험을 이김) 보낸다.

· 시간의 1/4은 목적을 위해서 [기도]하는 시간으로 사용한다.

· 남은 시간은 하나님을 예배하고 [경배]하는 자세로 보낸다(찬송 부르는 시간으로).

· 또한 육신을 위한 [휴식]의 시간도 가져야 한다.

· 금식기간 중에는 꼭 [냉수]를 마셔야 한다. 끓인 물은 마시지 말고, [생수]를 마시는 것이 좋다. 금식 전에 마시던 [똑같은 생수]를 조금씩 자주 마시는 것이 좋다.

· 금식기도 중에는 뜨거운 물로 [목욕]하거나 [사우나] 등은 하지 말아야 한다. 미지근한 물로 간단히 샤워하거나 물수건으로 온몸을 닦는 것이 좋다. 더운 물로 목욕하는 것은 체력을 소모하므로 피해야 한다.

· 금식기도 중에는 과도한 [운동]이나 [작업]은 물론 지나친 독서도 피해야 한다. 산책이나 가벼운 독서는 금식기도에 도움이 되지만 지나치면 금식기도에 방해된다.

마. 금식기도 후에 조심하여야 할 일

· [보호식]을 하여야 한다(가능하면 금식한 날짜만큼 보호식을 하는 것이 좋다).

· 처음에는 [기름기]있는 음식이나 딱딱한 음식을 절대로 삼가해야 한다. 처음에는 묽은 미음으로 시작하여 죽을 먹고, 밥을 먹는 순서로 식사를 조절해야 한다.

· [포식]을 주의하고 소화가 잘 되는 음식을 조금씩 자주 먹는 것이 좋다. 식욕이 왕성해져서 유혹이 생겨도 가벼운 산책이나 독서와 기도로 이겨내야 한다. 과식은 자살행위나 마찬가지이다.

· 금식 후에 흔히 우리에게 오게 되는 사탄의 [시험]과 [유혹]에 대한 준비가 필요하고, 또 지속적으로 깨어 있어야 한다.
· 일반적으로 금식 후에 건강관리를 잘해야 하나님께 영광이 된다. 회복기간 내내 누워만 있지 말고, 가벼운 체조나 산책을 하는 것이 좋다.
· 금식 후에 흔히 생기는 신앙의 교만을 조심해야 한다.
· 금식 기간 중에 얻은 귀한 체험과 영적 은사를 너무 자랑하지 않도록 절제해야 한다.

6. 금식기도를 통하여 영육간에 얻는 유익과 능력

가. 신앙의 유익
(1) 능력있는 [믿음]을 얻게 함
· 귀신과 병의 근원을 쫓아내는 능력을 얻게 됨: 마 17:14-20
· 마귀의 시험을 이길 수 있는 능력을 얻게 됨: 눅 4:13
· 새로운 영력을 얻게 됨: 눅 4:14
· 하나님의 뜻을 분별하는 능력을 얻게 됨: 행 13:2-3
(2) 체험적 [신앙]을 갖게 함
· 흉악한 결박을 풀어준다: 사 58:6, 왕상 19:4-8
· 무거운 멍에를 끌러준다: 사 58:6, 스 8:23
· 압제받는 자들을 신체적, 영적으로 자유케 한다: 사 58:6, 삼상 7:6
(3) 교회 [부흥]의 계기가 됨: 욜 2:15

나. 건강의 유익
치료가 급속히 임할 것이라 – 사 58:8

다. 국가적인 유익

에스더와 유대인의 금식기도로 유대인이 구원받음–에 4:16-5:2

7. 금식기도의 실천을 위한 제안들

금식기도는 각자가 성령의 인도하심을 받아서 결정을 지어야 할 중대한 일이다. 그러나 신앙의 유익을 위하여 청지기들께 다음의 실천적인 제안을 몇 가지 드린다.

가. 〔24〕시간 금식기도: 「영적 훈련과 성장」(*Celebration of Discipline*, 생명의 말씀사)이란 책을 쓴 리처드 포스터(Richard Foster)는 〔24〕시간 금식기도를 제안했다. 그는 점심식사 후에 다음 점심을 〔24〕시간이 지난 다음에 먹는 방법을 제안하고 있는데, 가장 쉬운 방법이다. 금식기도의 초보자는 이 방법으로 시작하는 것이 좋다. 처음에는 정기적으로 하지 않더라도, 한 달에 한 번이라도 시작하는 것이 중요하다.

나. 〔정기〕적인 금식기도: 할 수 있으면, 일주일에 하루를 금식기도일로 정하고, 정기적인 기도제목을 가지고 기도하는 것이 좋다. 주님께서 고난당하신 금요일을 정하는 것이 좋다. 24시간 금식기도를 정기적으로 실천하는 것도 정기적인 금식기도를 시작할 때 좋은 방법이다.

다. 〔단기〕 금식기도: 1년에 1회 정도 또는 원하는 횟수만큼 3일, 5일, 7일 등 단기 금식기도를 하는 것이 신앙생활에 큰 유익이 된다. 그러나 성령께서 인도하시는 때에 실천해야 한다.

라. 〔장기〕 금식기도: 20일, 40일 등 성령께서 지시하시고 능력을 주시는 분은 실천하도록 제안한다.

마. 가정에서의 금식기도: 가정에서 금식기도를 하게 되는 경우에는 상당한 준비와 주의가 필요하다. 식구들에게 금식기도 중임을 알리고, 식구들의 협조를 받아야 한다. 그리고 식사 때는 될 수 있으면 다른 방에 가서 다른 식구들이 식사하는 것을 보지 않는 것이 좋다. 가정에서는 처음 하루나 이틀 동안 시험해보고, 4-5일 정도로 금식을 끝내는 것이 적당하다. 날짜나 기간을 정하고 아침이나 점심 등 하루에 한 끼만을 금식하는 경우에도 식구들의 협조를 통해서 금식기도를 지속해야 한다.

금식기도 생활을 위한 십계명

1. 금식기도의 능력을 믿으라.
2. 금식기도의 분명한 목표를 세우라.
3. 금식기도를 결코 사람에게 보이려고 하지 말라.
4. 금식기도의 순서(금식기도 준비, 금식기도, 금식기도 후 처리)를 따르라.
5. 금식보다는 금식기도에 힘쓰라.
6. 금식기도에 대한 절제를 배우라.
7. 자신의 연약함을 명심하라.
8. 금식기도 후에 더욱 조심하라.
9. 금식기도 후에는 교만의 유혹을 물리치라.
10. 금식기도로 덕을 세우라.

청지기로서 금식기도에 대해 올바르게 이해하고 있는지, 또 금식기도 생활을 실천하고 있는지 살펴봅시다.

1. 올바른 금식기도에는 O표, 잘못된 금식기도에는 X표를 하라.

· (　) 금식은 자기부인(自己否認)이다.

· (　) 음식을 먹지 않는다는 금식 그 자체에 강조를 두는 것이 아니다.

· (　) 금식 그 자체가 어떤 초자연적인 힘을 가지고 능력이나 역사를 이루는 것이다.

· (　) 금식기도는 살 빼는 다이어트 요법으로 좋다.

· (　) 금식기도를 하도록 인도하시는 분은 성령이시다.

· (　) 금식할 수 있도록 능력을 주시는 분은 성령이시다.

· (　) 금식 후에 새로운 능력을 주시는 분도 성령이시다.

· (　) 사람에게 보이기 위한 금식기도와 남이 하니까 나도 하는 체면적인 금식기도 등, 형식적인 금식기도는 경계해야 한다.

2. 금식기도는 영성 발달에 중요한 부분으로, 정기적으로 실천하면 유익하다. 실천할 수 있는 금식기도에 체크하라.

가. 24시간 금식기도

나. 정기적인 금식기도

다. 단기 금식기도

라. 장기 금식기도

3. 금식기도를 실천했다고 자랑하지 않아야 한다. 자신은 어떻게 하고 있는가?

가. 정기적으로 금식기도하고 있지만 은밀하게 실천한다.

나. 단기 금식기도를 하지만 식구 정도만 알고 있다.

다. 장기 금식기도를 했지만 자랑하지 않는다.

기타. ______________________________

____

4. 다른 사람을 위해서 금식기도를 한 적이 있는가, 없다면 실천할 의사가 있는가?

가. 실천했다.

나. 실천한다.

다. 실천하겠다.

라. 아직은 부담스럽다.

5. 금식기도가 주는 영육간의 유익에는 어떠한 것이 있는지 써보라.

6. 금식기도한 만큼 다른 이들을 돕고 있는가?

가정 생활

제15과 가정 생활
– 남편과 아내와의 관계 –

훈련목표

행복한 사람이란 군자, 소인, 왕후, 농부이건 간에 가정이 평화로운 사람이다. 가정을 잘 이끌어야 교회나 사회를 이끌 수 있는 것이다. 본과를 통해 여러분은 성경적인 가정과 성경적인 남편, 성경적인 아내에 대해 배울 수 있다.

가 정

가정에서 서로에게 존경받고, 인정받고, 서로를 신앙으로 잘 이끄는 부부는 모든 성도에게 영적 지도자로서 인정과 존경을 받으며, 주의 일을 잘 할 수 있다. "사람이 자기 집을 다스릴 줄 알지 못하면 어찌 하나님의 교회를 돌아보리요"(딤전 3:5)라는 말씀을 깊이 생각해 보아야 한다.

1. 가정에 대한 성경적 이해

하나님께서는 남자와 여자가 결합하여 보다 〔행복한 삶〕을 살도록 〔가정 제도〕를 만들어 놓으셨다(창 2:18-25). 가정은 하나님께서 세우신 거룩한 인류 〔결합체〕이며, 인류 〔사회조직체〕이고, 가장 기초적인 〔사회조직체〕이다.

2. 가정의 질서

가. 부부는 〔일심동체〕

부모를 떠나서 남녀가 마음과 몸이 하나가 되어 새 가정을 꾸민다. 부부는 자기 가정에 대해 최우선의 의무를 행해야 하며, 그 후에 다른 가족, 친척에 대한 의무를 수행하여야 한다(창 2:24). 결혼을 통하여 불완전한 인간들이 서로 모자라는 부분을 보충, 협조하여 줌으로써 완성, 완전한 상태로 성장하여 가는 것이다(창 2:18).

부부의 일심동체는 그리스도(신랑)와 교회(신부)와의 관계로 묘사되기도 했다(엡 5:22-33 특히 32절 참조). 결혼은 신비한 결합이다.

나. 부부의 자세

가정에서 부부가 서로에게 해야 할 태도와 자세가 이미 하나님의 말씀에 분명하게 기록되어 있다.

· 남편이 아내에게: 아내를 사랑하라 – 엡 5:25-28; 골 3:19; 벧전 3:7

· 아내가 남편에게: 남편에게 순복하라 – 엡 5:22-24; 골 3:18; 벧전 3:1-4

다. 가정의 〔명령계통〕과 서열은 가정의 질서와 행복을 유지하기 위하여 하나님께서 가정 내에 만들어 놓으신 것이다.

① 그리스도(남편의 머리) → ② 남편(아내의 머리) →
(고린도전서 11:3) 　　　　　(창세기 2:18)

③ 아내(남편을 돕는 배필) → ④ 자녀들(부모에게 순종)
(고린도전서 11:3) 　　　　　(에베소서 6:1-3)

이 명령계통과 가정의 질서가 유지될 때에는 가정에 화평과 기쁨이 넘치게 되며, 하나님께 영광을 돌릴 수 있는 가정이 된다.

3. 가정 불화

가. 가정 불화의 기원 – 죄로 인하여 화평하던 가정에 불화와 싸움과 비극이 들어옴.
 · 창세기 2:21-23: 죄가 들어오기 전의 부부간의 사랑의 관계를 기록
 · 창세기 3:11-12: 죄가 들어온 후의 부부간의 간격, 불화의 내용을 기록

나. 불화의 〔예방법〕 – 가정의 평화를 유지하는 방법
믿음의 〔공통분모〕를 가지며, 그리스도의 사랑의 끈으로 서로 묶여지며, 성령의 힘으로 서로 마음과 마음이 통하는 생활을 계속해야 가정의 평화를 유지할 수 있다.
그 방법으로 각자 기도생활, 말씀 읽는 생활, 가정예배를 드리는 생활을 할 것을 권한다. 남편은 아내를 위하여, 아내는 남편을 위하여 그리고 두 사람은 그리스도를 위하여 사는 생활 태도를 가지면, 그 가정에는 하늘의 평화와 기쁨이 넘치게 될 것이다.

다. 성경적 이혼관
 · 하나님께서 짝지어 주신 것을 〔인간들이〕 가르지 못함을 원칙으로 한다: 마 19:4-6
 · 하나님께서는 결혼한 부부가 영원히 – 죽음이 갈라놓기 전에 – 함께 한 몸으로 살기를 바라며 이혼을 〔허락지〕 않으신다: 말 2:16
 · 이혼에 대한 예수님의 견해와 가르침: 마 5:31-32

· 사도 바울의 견해: 고전 7장을 참고로 읽으시오.

남 편

1. 남편을 위한 행복한 가정 생활 지침

가. 결혼 전과 신혼 초에 보였던 관심과 사랑이 〔계속〕 변치 않도록 노
　　력하라.

나. 결혼기념일과 아내의 〔생일〕을 잊지 말라.

다. 평소 아내의 옷차림과 외모에 〔관심〕을 보여라. 남편은 아내의
　　〔사랑스러움〕을 가꾸는 정원사라는 것을 알아야 한다.

라. 아내가 만든 음식에 대해 말이나 행동으로 아내에 대한 〔감사〕를
　　표시하라.

마. 모든 일을 아내와 〔의논〕하고 결정하는 습관을 길러라. 결혼의 행
　　복은 부부간의 사랑보다도 평소에 부부가 얼마나 많은 〔대화〕를
　　나누는가에 달려 있다.

바. 아내의 마음에 〔상처〕를 주는 농담이나 행동을 삼가라.

사. 가정 불화가 있을 때 남편은 아내에게 한걸음 〔양보〕하라. 아내의
　　매력이 〔사랑스러움〕이라면 남편의 매력은 〔너그러움〕이다.

아. 가정 경제는 아내에게 일임하여 아내가 〔보람〕을 갖게 하라.

자. 아내의 개성과 취미를 〔존중〕해주고 키워주도록 하라.

차. 하루에 〔두 번〕 이상 아내의 좋은 점을 발견하여 즉시 일러줌으로
　　써 아내에게 기쁨을 주는 습관을 길러라.

2. 아내와의 원만한 생활을 위한 남편의 생활 자세

가. 자기 자신을 사랑하는 것처럼 아내를 사랑하라. 예수님께서 교회를 사랑하신 것처럼(엡 5:25) 희생적, 불변의 그리고 조건없는 [순수한] 사랑을 하라.

나. 아내에게 안정감, 보호감을 주라(벧전 3:7).
남편보다 [연약한] 그릇: 잘 돌보아야 함.

다. 아내에게 관용과 아량(이해의 마음, 용서의 마음)을 보여주라.
남자로서의 매력과 인기는 [넓은] 도량에 있다(창 3:12; 약 1:19-20).

라. 아내의 관심사에 큰 [관심]을 보여주라(창 2:23). 아내의 생일, 결혼기념일 등을 기억해주라.

마. 처가 식구들에게 친절하고 관대하라(창 29:18-20). 아내를 기쁘게 해주기 원하면, 처가댁에 [먼저] 호의를 베풀어라.

바. 가정의 공동 관심사를 아내와 의논하고 타협하라. 아내의 인격, 의견을 [존중]하라. 가정의 공동 [주인의식]을 갖도록 해주라.

사. 아내에게 [감사]의 표현을 항상 잊지 말라. 모든 것을 당연하게 생각 말고, "감사하오" 등의 표시를 잊지 말라.

아. 아내의 의견을 [존중]하라(마 27:19).

자. 자신의 실수, 허물, 잘못을 솔직하게 [인정]하라(삼하 12:13; 시 51:1-4).

차. 가정의 영적 [지도권]을 유지하라(수 24:15). 남편이 가장이다. 그러나 독재자는 아니다. 청지기 가정의 주인은 주님이시며, 남편은 아내를, 아내는 남편을 위하여 살아야 한다. 두 사람이 주님을 위하여 살아갈 때 화평이 있다. 사랑의 띠로 하나가 되고, 믿음의

공통분모를 가지고 살면 가정에 행복이 온다.

3. 남편을 위한 가정 생활 십계명

계명 1. 자기 자신을 사랑하고 〔아끼는〕 만큼 아내를 사랑하고 아끼라. 지나치게 이기주의적인 남편, 자기 중심의 가정 생활을 하는 남편은 가정 평화의 파괴자다.

· 고전 13:1-7의 사랑이라는 단어 대신 남편이라는 단어로 바꾸어 꼭 한번 오늘 중으로 읽으시오.

계명 2. 아내가 보호심, 안정심, 그리고 〔신뢰〕를 가질 수 있도록 언행하라. 남편답게 모든 일을 자신있게, 긍정적으로, 아내를 보호하면서 용단있게 처리하라.

· 창 3:12의 아담과 같은 졸장부 남편이 되지 말고, 벧전 3:7처럼 하세요.

계명 3. 처가(특히 장인, 장모)에 특별한 〔신경〕을 쓰는 아량을 가지라. 처가에 대한 약점을 절대로 말하지 않는 인격을 가질 것. 처가에 대하여 마음을 크게 쓸 수 있는 남편은 아내에게 절대적인 사랑과 존경을 받는다.

· 창 29장, 고전 13:5을 읽으시오.

계명 4. 작은 일, 사소한 일에도 아내에게 〔관심〕과 신경을 써라. 생일, 결혼 기념일 등을 기억하여 선물이나 외식을 할 줄 아는 멋있는 남편이 되도록 하라.

계명 5. 아내가 잘한 일, 수고한 일에 대하여 〔칭찬〕하는 것과 〔감사〕하는 것에 인색하지 말라. "감사하오, 당신이 최고 야"라는 표현을 쓸 줄 아는 남편은 지혜로운 남편이다.

· 창 2:23, 스 5:2-3, 아 4장을 읽으시오.

계명 6. 폭력이나 가장의 권위 의식을 남용하지 말라, 남편으로 서의 〔존경심〕을 잃고 그 인격이 초라해지게 되는 저속 하고 유치한 언행을 아내에게 절대로 사용하지 말라. 특히 음주, 폭력 사용, 행패부리는 일은 인격에 큰 손해를 주게 된다. 감정이 폭발할 위험이 있을 때는 아내와 충돌을 피하기 위하여 장소를 잠시 피하는 지혜가 필요하다.

계명 7. 아내의 인격과 의견을 〔존중〕하고, 그의 이야기를 들어 줄 수 있는 〔귀〕를 가지라. 모든 중대한 일을 의논없이 혼 자 처리하는 남편은 가정 불화를 초래하기 마련이다. 아내의 충고와 제안에 귀를 기울이는 지혜로운 남편이 되라.

· 스 5장, 마 27:19을 읽으시오.

계명 8. 자기 잘못과 실수를 〔솔직하게〕 인정하고 사과할 줄 아 는 남편이 되라. "여보 미안하오, 내가 잘못했오. 마음을 아 프게 해서 미안하오" 등의 표현을 한 번도 해보지 못한 남편 은 졸장부 남편이다.

· 요 1:12의 "나 때문이오."

계명 9. 아내에게 관대하고 〔너그러움〕을 보여주며, 〔공식 석

상]에서 아내를 아끼고 존중하게 대하여 주는 신사도를
발휘하라. 꽁한 마음으로 아내에게 간접적으로 복수하는 옹
졸한 자세를 버려라.

· 고전 13:4을 읽으시오

계명 10. 가정에서 영적인 지도자가 되어 아내를 신앙으로 이끌
어 나가라. 아내를 영적으로 이끌 수 있는 남편이 되면 아
내의 존경은 저절로 얻게 된다. 아내를 위하여 기도하는 남
편은 가정 평화의 큰 공로자가 된다.

· 여호수아 24:15을 읽으시오.

아 내

1. 성경의 여인상

가. 가장 [아름다운] 여인상 - 잠언 31:10-31
· 남편에게 선을 행하고　　　· 부지런하며
· 가족과 가사를 잘 돌아보며　　· 밤 늦게까지 가정 일을 돌보며
· 가난한 자를 도와주며　　　· 덕이 되는 말만 하며
· 남편을 존귀하게 만들며
· 자신을 늘 깨끗하고 단정하게 차리며
· 자식들에게 존경받으며(가정 교육에 성공하며)
· 남편에게 칭찬들으며, 동네 사람들에게서도 칭찬받으며
· 귀한 신앙을 가진 여인이다.

나. 성경에 기록된 (대표적)인 아내들

　·아브라함의 아내 사라: 벧전 3:5-6

　　– 남편에게 순종하는 미덕을 보임.

　·나발의 아내 아비가일: 삼상 25장

　　– 남편의 실수를 지혜롭게 처리하여 남편을 구함.

　·모세의 아내 십보라: 출 4:24-26

　　– 아들의 양피로 피남편을 만들어 하나님의 벌을 면케 함.

　·여선지 드보라: 삿 4-5장

　　– 하나님께서 선지자로 사용한 위대한 인물.

　·욥의 아내: 욥 2:9

　　– 곤궁에 빠진 남편에게 모욕을 주고 배척하는 악처의 표본.

　·아합 왕의 아내 이세벨: 왕상 19:1-2, 21:1-10

　　– 남편을 뒤에서 조종하며 항상 악한 일을 음모하여 남편을 망하게
　　　만든 악처의 표본.

　·삼손의 아내 데릴라: 삿 16장

　　– 남편의 비밀을 가볍게 폭로하여 남편을 망하게 함.

※ 각자가 성경에서 생각하는 여인상을 기록하여 보세요. 에스더, 미
리암, 안나, 마리아 등.

다. 아내들을 위한 잠언의 말씀들

　14:1, 19:13, 21:9, 21:19, 26:24, 27:15, 31:10-31 등.

2. 아내를 위한 행복한 가정 생활 지침

가. 자기 자신과 가정을 (아름답게) 꾸밀 줄 아는 재치와 근면성을 길

러라.

나. 음식 준비에 정성을 기울이고 남편의 식성에 유의하라. 식탁은 가정의 〔화목〕을 도모하고 대화를 나누는 친교의 광장이며, 하루의 피로를 풀고 내일을 꿈꾸는 희망의 산실이다.

다. 혼자만 말하지 말라. 남편에게 말할 기회를 주지 않아 부부가 충돌하는 경우가 의외로 많다.

라. 다른 사람들 앞에서 남편의 결점을 늘어놓거나 지나친 〔자랑〕을 하지 말라.

마. 남편에게 따져야 할 말이 있을 때는 그의 기분 상태를 〔참작〕하라.

바. 남편에게는 혼자만의 정신적 휴식 시간을 갖고 싶어하는 심리가 있음을 잊지 말라.

사. 중요한 집안 일을 결정할 때는 남편의 뜻에 따르라.

아. 남편의 수입에 맞춰 절도있는 살림을 꾸려 나가도록 하라.

자. 모든 일에 〔참을성〕을 가져라.

차. 하루에 두 번 이상 남편의 좋은 점을 발견하고 즉시 지적해 줌으로써 남편이 기쁨과 긍지를 갖도록 하라.

3. 남편과의 원만한 생활을 위한 아내의 생활 자세

가. 남편에게 〔순복〕하라(엡 5:24). 남편이 가정의 머리가 된다.

나. 남편의 장·단점을 속히 파악하고, 지혜롭게 이해심을 가지고 도와주라(창 2:18). 아내는 남편의 조력자로 창조되었다.

다. 시댁 식구를 비난하는 말은 〔삼가〕하라. 시댁에 대한 비난은 곧 남편에 대한 비난이다.

라. 남편을 위하여 매일 〔정기적〕으로 기도하라. 남편에 대한 사랑의

최고 표현은 그를 위하여 매일 마음을 모아 기도하는 것이다.

마. 남편의 인격, [자존심]을 상하게 하지 말라. 특히, 공식 석상에서 남편을 무안하게, 모욕을 느끼게 만드는 언행을 최대한 삼가하라.

바. 남편에 대한 세 가지 역할을 지혜롭게 잘 수행하라. 때로는 [어머니]로서, 때로는 [애인]으로서, 때로는 [아내]로서 남편을 잘 대하여 주라.

사. 절대로 집안 일을 [집 밖으로] 들고 나가지 말라. 집안에 복잡한 일이 있을 때, 절대로 전화기에 가까이 가지 말라. 다른 사람을 만나는 일을 피하라.

아. 내 남편을 다른 남편들과 [비교하지] 말라.

자. 바가지를 긁을 때와 충고할 때를 잘 분별하는 지혜를 가지라.

차. 수입에 [맞는] 살림을 잘 계획하라(눈높이에 맞추지 말고).

4. 아내를 위한 가정 생활 십계명

계명 1. 남편에게 [순종]하고 [복종]하라.

· 여인의 가장 아름다운 미덕은 순종이다. 남편을 쥐고 흔드는 습관을 버려라.

· 아브라함의 아내 사라는 남편에게 절대복종하는 미덕을 갖춘 아내였다.

· 엡 5:22, 골 3:18을 조용히 기도하며 읽으시오.

계명 2. 자기 남편을 남의 남편과 자주 비교하여 남편의 [자존심]을 상하게 하지 말라.

· 남편의 약점을 찌르는 일과 유치하고 저속한 언행을 삼가

하도록 하라.

계명 3. [공식 석상]에서 남편의 실수를 시정하거나, 지적하는 일을 피하도록 하라.

· 공식 석상에서 남편의 인격을 존중하며, 침묵을 지키는 인격을 키우라: 스 1:11-12

계명 4. 가정 불화의 일을 [집 밖으로] 가지고 나가지 말라.

· 다툴 때마다 친정에, 시댁에, 친척들에게 전화하는 습관, 또는 보따리를 싸가지고 나가는 습관을 버려라.

· 욥 2장을 읽으시오: 남편에게 어려운 일이 있을 때, 아내가 절대적으로 필요함.

계명 5. 때로는 [엄마]로, [아내]로, 또는 [애인]으로서의 역할을 분위기에 따라 적절하게 잘 이행하라.

· 남편의 기분과 감정을 빠르게 판단할 줄 아는 지혜로운 여인이 되라.

계명 6. 시댁에 대한 약점, 부정적인 이야기를 절대로 삼가하라.

· 시댁에 잘 해주는 부인은 남편의 사랑을 받게 된다.

계명 7. 필요 이상으로 바가지를 긁지 않도록 절제하라.

· 인내심이 필요하며, 이야기할 때는 시간, 장소, 분위기, 남편의 기분 등을 다 고려하여 건설적인 방법으로 의사를 전달할 줄 아는 지혜가 필요하다.

계명 8. 남편의 직업적인 일, 남자들의 세계에서 일어나는 일들을 다 알려고 깊이 파고들지 않도록 하라.

· 남편의 편지를 뜯어본다든지, 전화를 도청한다든지, 주머니를 뒤져보는 일 등의 불신의 행위들은 절대로 삼가하라.

계명 9. 남편의 장점과 단점을 속히 파악하여 – 좋아하고 싫어하는 것이 무엇인지를 속히 파악 – [지혜롭게] 도와주라.

· 삼상 25장: 나발의 아내 아비가일의 지혜를 배우라.

계명 10. 남편을 위하여 매일 [쉬지 않고] 하루 한 번씩 꼭 기도하는 여인이 되라.

· 신앙의 공통 분모를 갖고 사는 부부는 행복하다.

1. 본문의 십계명을 비교하여 자기 자신(남편은 남편의 십계명, 아내는
   아내의 십계명)을 솔직하고 겸손하게 채점해 보라.

(%)

계명 1.	20	40	60	80	100
계명 2.	20	40	60	80	100
계명 3.	20	40	60	80	100
계명 4.	20	40	60	80	100
계명 5.	20	40	60	80	100
계명 6.	20	40	60	80	100
계명 7.	20	40	60	80	100
계명 8.	20	40	60	80	100
계명 9.	20	40	60	80	100
계명 10.	20	40	60	80	100

2. 위의 십계명들 중에서 빨리 고쳐야 할 세 가지를 골라서
   오늘부터 기도하며 개선하여 가정생활의 행복에 기여하라.

1. 고쳐야 할 것

개선할 방향과 방법

2. 고쳐야 할 것

    개선할 방향과 방법

3. 고쳐야 할 것

    개선할 방향과 방법

※ 공부하면서 느끼게 된 사실들을 서로 솔직하게 상의하십시오. 말하기
쑥스럽다면 편지를 써서 그 동안의 감정들을 서로 나누는 시간을 가지시
기 바랍니다.

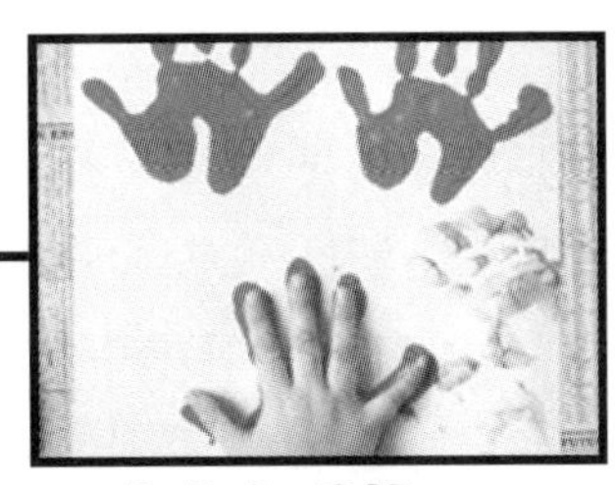

모범적인 생활

- 사도 바울의 생활
- 사도 바울의 변화
- 사도 바울의 모범 생활
- 사도 바울이 가르치는 하나님의 영광을 위한 삶
- 청지기로서의 행동의 자유한계

제16과 모범적인 생활

훈련목표

시민운동을 하던 사람이 도덕적 실수를 저질렀을 때, 많은 시민에게 지탄의 대상이 되었다. 교회의 사역을 담당하는 청지기에게는 그보다 더 높은 도덕적 수준이 요구된다. 청지기는 비기독교인 뿐만 아니라 교우들에게도 본이 되는 생활(갈 6:10)을 해야 하는 것이다. 본과를 통해 모범적인 생활을 하게 되길 바란다.

성경에서 가장 모범적인 신앙생활의 표준이 되는 성경적인 인물이 사도 바울이다. 사도 바울의 신앙인으로서, 또 주의 종으로서의 신앙생활 자세를 살펴봄으로써 우리의 생활에 변화가 있고, 간증이 되며, 하나님께 영광을 돌리고, 다른 사람에게 덕이 되고 유익이 되는 신앙생활을 하는 청지기가 되기를 바란다.

1. 사도 바울의 생활 – 디모데전서 1:12-13

"내가 전에는 훼방자요 핍박자요 포행자이었으나 도리어 긍휼을 입은 것은 내가 믿지 아니할 때에 알지 못하고 행하였음이라"(13절). 좀더 구체적으로 말하면, 사도 바울은 다메섹으로 가는 길에서 예수님을 만나뵙고 완전히 회개하여 새 사람이 되었다. 바울의 생활에 분명하게 눈에 띄는 변화가 생겨, 그의 생활을 보고 많은 사람들이 주께로 돌아오게 되었다. 그의 생애는 전도의 삶이 어떠해야 하는지를 보여준다.

가. 사도 바울이 예수님을 믿기 전과 후의 비교

예수님을 믿기 전의 생활	예수님을 믿은 후의 생활
예수님 훼방자(내가 전에는 훼방자)	예수님 경배자
예수님 핍박자(내가 전에는 핍박자)	예수님 전파자
인간에게 포행자(내가 전에는 포행자)	모든 사람에게 사랑의 빚진 자

나. 사도 바울이 〔자랑〕할 수 있는 조건들

사도 바울은 성경에 기록된 어느 주의 사자들보다도 더 많이 위대한 업적들을 남겼는데, 그는 이방 선교사로서 세계 복음 전파의 공로자, 성경을 가장 많이 기록한 학자, 주의 사업을 위하여 가장 큰 희생을 바친 사람이다.

(1) 그의 가문, 학벌, 종교적인 자랑스러운 배경들: 빌 3:4-7

(2) 종교적인 열성: 행 22:2-4

(3) 그리스도를 위한 수고, 희생, 헌신, 순교의 내용: 고후 11:22-23

다. 사도 바울의 〔겸손〕의 미덕

(1) 나는 모든 사도 중에 제일 작은 자다: 고전 15:9

(2) 나는 모든 성도 중에 지극히 작은 자보다도 더 작은 자다: 엡 3:8

(3) 나는 모든 죄인 중에서 제일 무서운 괴수다: 딤전 1:15

(4) 나는 만삭되지 못한 채 출생한 자다(모든 사람 중에 제일 못난 자라는 뜻): 고전 15:8

2. 사도 바울의 변화

가. 【신앙관】이 변화됨: 고전 15:10 - "나의 나된 것은 하나님의 은혜로 된 것이니"라는 사도 바울의 고백 속에서 그의 신앙관의 변화를 볼 수 있다.

(1) 하나님의 존재를 인정하고, 모든 축복의 근원이 하나님께로부터 온 것을 인정하고 모든 영광과 감사와 찬양을 하나님께 돌리는 자세로 변하였다.

(2) 특별히 눈에 보이게 달라진 변화는, 그가 겸손하게 변화되었다는 것이다.

나. 생의 【목적】이 변화됨/가치관의 변화: 빌 1:20 - "살든지 죽든지 내 몸에서 그리스도가 존귀히 되게 하려 하나니"

(1) 자기 자신의 영광, 부귀, 영화, 출세를 위하여서만 노력하고 애쓰던 사도 바울. 그가 예수님을 만난 후 기본적인 생의 목적이 변하여 인간 중심의 생에서 하나님 중심으로 바뀌게 되었다.

(2) 【가치관】이 변화됨: 하나님(예수님) 먼저, 그 다음에 다른 사람, 그리고 항상 제일 마지막에 자신을 놓는 하나님 중심, 다른 사람의 유익 중심의 가치관으로 변화됨.

> J: Jesus First,
>
> O: Others Second,
>
> Y: Yourself last then it spells JOY.

그렇게 되면 자동적으로 우리 마음속에서 참된 기쁨(joy)이 충만하게 넘치게 된다.

(3) 고전 6:20 - "…그런즉 너희 몸으로 하나님께 영광을 돌리라."

(4) 고전 10:31 - "그런즉 너희가 먹든지 마시든지 무엇을 하든지 하나
님의 영광을 위하여 하라."

다. 〔생활 철학〕이 변화됨:

(1) 갈 1:10 - "내가 사람들에게 좋게 하랴, 하나님께 좋게 하랴." 전에
는 사람 중심으로 사람들을 기쁘게 하려고 노력하였고, 사람들의
눈치를 보며, 사람들의 평가와 비판과 칭찬에 신경을 쓰던 바울이
이제는 하나님을 기쁘시게 하는 일, 하나님께서 내게 무엇이라고
말씀하실까에 대하여 더 신경을 쓰는 새로운 생활 철학을 갖게 되
었다.

(2) 행 4:19-22 - "하나님 앞에서 너희 말 듣는 것이 하나님 말씀 듣는
것보다 옳은가 판단하라 우리는 보고 들은 것을 말하지 않을 수 없
다…."

라. 〔생활 자세〕가 변화됨:

(1) 고전 15:31 - "…나는 날마다 죽노라."
자기의 고집도, 성격도, 교만도, 이론도, 주장도, 생각도 모두 다 주
의 영광을 위하여 절제하고, 참고, 죽일 수 있는 '자기가 매일 죽는
연습을 하는 생활' 을 실천하였다.

(2) 주님께서 나를 크게 쓰시게 하려면, 내 것 모두가 먼저 다 죽어야
한다. 내 것이 살아 있는 한 하나님께서 자유롭게 나를 쓰실 수가
없는 것이다.

(3) 마 16:24 - 자기부인이 주의 종이 되는 첫 요구조건이다.

(4) 빌 2:6-8 - 겸손하게 자기를 낮추고, 인간이 되신 예수님이 우리의
표본. 모든 것이 평안하고, 은혜스럽고, 화목하고, 문제가 그치게

된다.

(5) 욘 1:12 - 나 자신이 문제의 원인. 나를 물에 던지면 만사가 평온하다.

마. 전도자로서의 열심이 변화됨:

행 20:24 - "하나님의 은혜의 복음 증거하는 일을 마치려 함에는 나의 생명을 조금도 귀한 것으로 여기지 아니하노라."

〔이기〕주의적, 〔기회〕주의적, 〔체면〕주의적, 〔타산〕주의적인 봉사 자세에서 〔희생〕주의적, 〔헌신〕주의적, 〔열심〕주의적으로 변화된 사실을 볼 수 있다. 이러한 사도 바울의 열심과 희생적인 자세를 보시고 하나님께서 큰 종으로 하여금 큰 역사를 위하여 크게 사용한 사실을 기억해야 한다.

3. 사도 바울의 모범 생활

사도 바울은 바울서신을 통해서 모든 믿는 자들에게 자신을 본받으라고 여러 번 권고했다. 데살로니가전·후서에서는 바울과 디모데와 실루아노를 닮으라고 하면서, 아울러 마케도냐와 아가야 사람들에게 본이 된 것을 따르라고 권고한다(살전 1:5이하).

고린도교회의 문제들을 다루면서, 바울은 고린도 교인들에게 "내가 너희에게 권하노니 너희는 나를 본받는 자 되라"(고전 4:16), 또 "내가 그리스도를 본받는 자 된 것같이 너희는 나를 본받는 자 되라"(고전 11:1)고 권고하며, 빌립보 교인들에게는 "형제들아 너희는 함께 나를 본받으라 또 우리로 본을 삼은 것같이 그대로 행하는 자들을 보이라"고 권고한다(빌 3:17).

바울은 (1) 〔전도자〕로서의 열정, (2) 〔목회자〕로서의 자비, (3) 〔학자〕로서의 지식, (4) 〔정치가〕로서의 외교술을 갖추었다. 사도 바울은 유대인을 위해서는 회당(행 13:16-43을 참조)에서 의미있는 사역을 할 수 있었고, 유대교를 알고 있는 이방인들(행 11:26)이나 유대교와는 전혀 상관이 없는 이방인(행 13:17 이하)을 위해서 이들에게 적절한 사역을 했다. 사도로서 그는 '그리스도 안에서'의 자유를 존중하지만, 복음의 확장과 인류에 대한 구원이라는 거대한 비전에서 모든 문제를 해결할 수 있는 안목을 갖고 있었다. 사도 바울은 우리가 어떻게 처신할 것인가를 고전 9:19-23에서 구체적으로 다루고 있다.

"내가 모든 사람에게 자유하였으나 스스로 모든 사람에게 종이 된 것은 더 많은 사람을 얻고자 함이라 유대인들에게는 내가 유대인과 같이 된 것은 유대인들을 얻고자 함이요 율법 아래 있는 자들에게는 내가 율법 아래 있지 아니하나 율법 아래 있는 자같이 된 것은 율법 아래 있는 자들을 얻고자 함이요 율법 없는 자에게는 내가 하나님께는 율법 없는 자가 아니요 도리어 그리스도의 율법 아래 있는 자나 율법 없는 자와 같이 된 것은 율법 없는 자들을 얻고자 함이라 약한 자들에게는 내가 약한 자와 같이 된 것은 약한 자들을 얻고자 함이요 여러 사람에게 내가 여러 모양이 된 것은 아무쪼록 몇몇 사람들을 구원코자 함이니 내가 복음을 위하여 모든 것을 행함은 복음에 참예하고자 함이라"(고전 9:19-23).

가. 사도 바울이 보여준 〔신앙〕의 모범

- 복음 증거에 목숨을 다함: 행 20:24
- 눈물로 성도를 훈계함: 행 20:31
- 성도의 본이 됨: 고전 9:1-27; 살후 3:9

- 겸손함: 행 20:19; 고후 10:1
- 유익한 것을 모두 전함: 행 20:20
- 성도들을 목숨보다 사랑함: 살전 2:8
- 모든 시험을 참고 주님을 섬김: 행 20:19
- 자신의 불완전함도 밝힘: 롬 7:21-25
- 항상 성도를 위해 기도함: 롬 1:9
- 성령님의 인도에 순종함: 행 16:6-8
- 사람보다 하나님을 기쁘게 함: 갈 1:10
- 성도를 위해 자신을 낮춤: 고전 4:6-13
- 복음을 위해 순교도 각오: 행 21:13
- 믿음을 끝까지 지킴: 행 20:24; 딤후 4:7

나. 바울이 가르치는 〔성도〕 사이의 의무

'그리스도 안의' 성도들은 서로 한 하나님 아버지의 자녀된 형제요, 그리스도의 몸된 지체로서 서로 연결되는 자들이다. 그리고 천국이라는 한 소망과 목표를 가지고 잠시 이 세상에 같이 살고 있는 자들이다. 이런 성도들 사이에는 다음과 같은 의무가 있다.

- 사랑함: 요 13:34-35
- 우애함: 롬 12:10
- 존경함: 롬 12:10
- 마음을 같이함: 롬 12:16
- 덕을 세움: 롬 14:19
- 용서함: 롬 15:7
- 권면함: 롬 15:14
- 거짓말을 하지 않음: 골 3:9
- 인자하게 함: 엡 4:32
- 불쌍히 여김: 엡 4:32
- 복종함: 엡 5:21
- 남을 낫게 여김: 빌 2:3
- 가르침: 골 3:16
- 위로함: 살전 4:18
- 비방하지 않음: 약 4:11
- 대접함: 벧전 4:9

· 봉사함: 벧전 4:10

4. 사도 바울이 가르치는 하나님의 영광을 위한 삶 – 고전 10:31-33

사도 바울이 일생을 두고 가르친 성도의 생활을 위한 교훈에는 기독교인의 윤리 문제도 제시되어 있다. 사도 바울의 신학이나 생활 철학 등을 포함해서, 크리스천의 삶에 대한 가르침은 (1) '그리스도 안에서' 새로운 피조물이 되었다(고후 5:17)는 사실에 근거한 삶이어야 하고, (2) '그리스도의 법'과 '그리스도의 마음'이 상호관련을 맺는 생활을 영위하고, (3) '그리스도의 사랑'에 의해서 동기가 부여되고 통제되어야 하며, (4) '그리스도의 영'에 의해서 크리스천의 삶을 살 수 있으며, (5) 오늘의 어떤 상황에서도 성도로서의 삶을 실천할 수 있도록 하는 가르침이어야 한다. 사도 바울은 우리들이 '그리스도 안에서' 살아가지 않는다면 성도의 삶은 이루어질 수 없다고 가르친다. 바울은, 믿는 자는 "그리스도 안에서"(고후 9:19) 살아야 한다는 원리를 제시하고, 참된 크리스천의 삶은 예수 그리스도로 변화된 성품에 근거하고 성령을 힘입어 살아야 한다고 선포한다.

가. 〔창조〕의 원리 – "너희 몸은 너희가 하나님께로부터 받은 바 너희 가운데 계신 성령의 전인 줄을 알지 못하느냐 너희는 너희의 것이 아니라 값으로 산 것이 되었으니 그런즉 너희 몸으로 하나님께 영광을 돌리라"(고전 6:19-20).

나. 〔삶〕의 원리 – "내가 하나님의 모든 자비하심으로 너희를 권하노니 너희 몸을 하나님이 기뻐하시는 거룩한 산 제사로 드리라 이는 너희

의 드릴 영적 예배니라 너희는 이 세대를 본받지 말고 오직 마음을 새롭게 함으로 변화를 받아 하나님의 선하시고 기뻐하시고 온전하신 뜻이 무엇인지 분별하도록 하라"(롬 12:1-2). "그런즉 너희 자유함이 약한 자들에게 거치는 것이 되지 않도록 조심하라… 내 형제를 실족치 않게 하리라"(고전 8:9-13).

다. 〔행복〕의 원리 - "그런즉 너희가 먹든지 마시든지 무엇을 하든지 다 하나님의 영광을 위하여 하라"(고전 10:31). "이제 내가 사람들에게 좋게 하랴 하나님께 좋게 하랴 사람들에게 기쁨을 구하랴 내가 지금까지 사람의 기쁨을 구하는 것이었다면 그리스도의 종이 아니니라"(갈 1:10). "항상 기뻐하라"(살전 5:16).

라. 〔봉사〕의 원리 - "형제들아 내가 그리스도 예수 우리 주 안에서 가진 바 너희에게 대한 나의 자랑을 두고 단언하노니 나는 날마다 죽노라"(고전 15:31). "내가 항상 내 하나님께 감사하고 너를 말함은…네가 나의 말보다 더 행할 줄을 아노라"(몬 1: 4-21). "그러므로 우리는 기회 있는 대로 모든 이에게 착한 일을 하되 더욱 믿음의 가정들에게 할지니라"(갈 6:10).

마. 〔사역〕의 원리 - "나의 달려갈 길과 주 예수께 받은 사명 곧 하나님의 은혜의 복음 증거하는 일을 마치려 함에는 나의 생명을 조금도 귀한 것으로 여기지 아니하노라"(행 20:24).

바. 〔기도〕의 원리 - "쉬지 말고 기도하라"(살전 5:17). 기도는 성도의 호흡이다. 기도가 그친 성도는 숨이 끊어진 죽은 사람이다. 성도의 호흡

인 기도가 쉬지 않아야 한다.

사. 〔감사〕의 원리 - "범사에 감사하라 이는 그리스도 예수 안에서 너희를 향하신 하나님의 뜻이니라"(살전 5:18).

아. 〔은사〕의 원리 - "사랑을 따라 구하라 신령한 것을 사모하되… 방언을 말하는 자는 자기의 덕을 세우고 예언하는 자는 교회의 덕을 세우나니"(고전 14:1-4). "나는 너희가 다 방언 말하기를 원하나 특별히 예언하기를 원하노라… 만일 교회의 덕을 세우기 위하여 통역하지 아니하면 예언하는 자만 못하니라"(고전 14:5). "그러면 너희도 신령한 것을 사모하는 자인즉 교회의 덕 세우기를 위하여 풍성하기를 구하라"(고전 14:12). 은사는 교회의 덕을 세우는 데 사용되어야 한다.

5. 청지기로서의 행동의 〔자유한계〕

우리 신앙인들은 주님을 마음속에 영접하여 하나님의 자녀가 된 이후부터는, 특히 귀한 직분을 맡은 청지기가 된 후부터는 〔언어〕와 〔행동〕에 변화(제한)를 가져야 한다.

· 마 5:16 - 너희 착한 행실을 보고 하늘에 계신 너희 아버지께 영광을 돌리게 하라.

· 빌 1:27 - 오직 너희는 그리스도의 복음에 합당하게 생활하라.

· 골 3:1 - 그러므로 너희가 그리스도와 함께 다시 살리심을 받았으면 위엣 것을 찾으라.

· 롬 13:12-14 - 어두움의 일을 벗고 빛의 갑옷을 입자… 오직 주 예수 그리스도로 옷입고 정욕을 위하여 육신의 일을 도모하지 말라.

우리 성도들은 성결한 생활을 하고, 구별되게 살아야 한다는 것을 꼭 율법주의적으로 해석하여 강제로, 마지못하여, 체면 때문에 해서는 안 된다. 우리는 다음과 같은 성경의 원칙에 입각하여 즐거움으로, 하나님의 영광을 위하여 생활의 변화를 도모해야 한다.

가. 우리의 몸은 우리의 것이 아니고 하나님의 〔소유물〕이다.

"…(우리의 몸) 너희는 너희의 것이 아니라 값으로 산 것이 되었으니…"(고전 6:19-20).

구원받기 전에는 우리 모두가 사탄의 노예로서 그 소유권이 사탄의 손에 있었다. 그러나 그리스도의 속죄의 보혈로 구원을 받은 후에는 우리가 다 즉각적으로 하나님의 자녀가 되어 그 소유권이 하나님의 손으로 옮겨갔다. 그러므로 우리 몸을 우리 마음대로 할 수 없는 것이다.

나. 우리 몸은 이제 성령이 거하시는 〔전〕이다.
"너희 몸은 너희가 하나님께로부터 받은 바 너희 가운데 계신 성령의 전인 줄을 알지 못하느냐…"(고전 6:19). 그러므로 이 성령의 전을 깨끗하게 간수할 의무가 있다.

다. 우리 몸을 잘 지키며, 우리 몸을 통하여 하나님께 영광을 돌릴 의무가 있다.
· 고전 6:20 - "… 그런즉 너희 몸으로 하나님께 영광을 돌리라."
· 롬 12:1-2 - "… 너희 몸을 하나님이 기뻐하시는 거룩한 산 제사로 드리라…."
· 고전 10:31 - "그런즉 너희가 먹든지 마시든지 무엇을 하든지 하나님의 영광을 위하여 하라."

라. 우리에게 주어진 자유라 할지라도 그것을 행사하는 일이 남에게 걸림돌이 되어 믿음이 약한 자에게 시험이 된다면, 그 자유를 형제를 위하여 절제, 포기하라. 율법에 근거해서가 아니고, 사랑에 근거해서 내 자유를 희생할 수 있는 자세가 필요하다.

· 고전 8:9 – "그런즉 너희의 자유함이 약한 자들에게 거치는 것이 되지 않도록 조심하라."

· 고전 8:13 – "그러므로 만일 식물이 내 형제를 실족케 하면 나는 영원히 고기를 먹지 아니하여 형제를 실족치 않게 하리라."

· 고전 9:12 – "…이 권을 쓰지 아니하고 범사에 참는 것은 그리스도의 복음에 아무 지장(장애)이 없게 하려 함이로라."

· 고전 10:23 – "모든 것이 가하나 모든 것이 유익한 것이 아니요, 모든 것이 가하나 모든 것이 덕을 세우는 것이 아니니 누구든지 자기의 유익을 구치 말고 남의 유익을 구하라."

모범적인 생활을 위한 십계명

1. 성전된 우리 몸으로 하나님께 영광을 돌리라: 고전 6:19–20
2. 하나님의 영광을 위해 살라: 고전 10:31
3. 자신의 유익보다 덕 세우기를 힘쓰라: 고전 8:9–13, 14:26
4. 자신을 남보다 낮추는 겸손의 미덕을 세우라: 고전 15:9; 엡 3:8
5. 자신이 매일 죽는 생활을 실천하라: 고전 15:31
6. 모든 문제의 원인을 자신에게서 찾으라: 욘 1:12
7. 항상 기뻐하라: 살전 5:16
8. 쉬지 말고 기도하라: 살전 5:17
9. 범사에 감사하라: 살전 5:18
10. 믿음의 가정들에게 더욱 본을 보이라: 갈 6:10

청지기로서 본이 되는 생활에 대한 아래의 평가들을 스스로 한번 해보시고, 청지기로서의 삶을 다시 한번 점검해 보시기 바랍니다.

1. 청지기로서의 사명을 받은 후 나에겐 어떤 삶의 변화가 일어났는가?

(%)

가. 청지기 신앙관	20	40	60	80	100
나. 삶의 목적/가치관	20	40	60	80	100
다. 생활철학	20	40	60	80	100
라. 생활자세	20	40	60	80	100
마. 전도자로서의 삶	20	40	60	80	100
바. 성결한 삶	20	40	60	80	100

2. 청지기로서의 나는 타인을 위해 나의 자유를 제한하고 있는가?

가. 하나님의 소유물로서의 몸	20	40	60	80	100
나. 성령이 거하시는 전	20	40	60	80	100
다. 신앙이 약한 자를 위한 자기 절제	20	40	60	80	100
라. 타인의 유익을 우선하는 삶	20	40	60	80	100

3. 청지기로서 나는 하나님의 영광을 위한 삶을 살고 있는가?

가. 창조의 원리(고전 6:19-20)	20	40	60	80	100
나. 삶의 원리(롬 12:1-2; 고전 8:9-13)	20	40	60	80	100
다. 행복의 원리(고전 10:31; 갈 1:10)	20	40	60	80	100

라. 봉사의 원리(고전 15:31)　　　　　　　20　40　60　80　100

마. 사역의 원리(행 20:24; 고전 10:31-33)　20　40　60　80　100

바. 기도의 원리(살전 5:17)　　　　　　　　20　40　60　80　100

사. 감사의 원리(살전 5:18)　　　　　　　　20　40　60　80　100

4. 나의 신앙을 간증하고 있는가?

간증한다 (　　　) 아니다 (　　　) 기억이 없다 (　　　)

※ 신앙간증을 구체적으로 적어보세요.

제 **17** 과

기독교 교육 이해

· 기독교 교육에 대한 성경적 기초

· 기독교 교육에 대한 바른 이해

· 청지기의 기독교 교육 참여

· 기독교 교육을 위한 조직과 기능

훈련목표

교회에서는 어린이부 교육뿐만 아니라 여러 가지 교육이 이루어지고 있다. 본과는 교회 교육과 목적 그리고 청지기가 해야 할 역할을 다루고 있다. 본과를 통해서 기독교 교육에 적극적으로 동참하기 바란다.

교회에서는 예배를 위시한 여러 가지 행사가 진행되는데, 각 교회에서 가장 많은 예산을 쓰고, 또 교회 시설 중에서 가장 많은 부분을 사용하는 분야는 기독교 교육이다. 최근에 와서는 신학교와 목회자들 사이에서 기독교 교육이라는 단어보다는 교육 목회라는 단어를 더 많이 사용하고 있지만, 아직도 청지기들에게는 기독교 교육이라는 표현이 친숙하다. 그런 면에서 청지기로서 기독교 교육의 본질을 파악하는 일이 무엇보다 중요하다. 청지기들이 기독교 교육을 어떻게 이해하느냐에 따라서, 담임 교역자가 교육 목회를 잘 할 수도 있고 또 못할 수도 있다.

또한 기독교 교육에 대해서 청지기들의 이해가 부족한 교회에서는 그만큼 교육 활동이 위축되고 있는 것이 현실이기도 하다. 본과에서는 청지기들의 올바른 이해를 돕기 위해서 기독교 교육을 살펴보기로 한다.

기독교 교육에 대한 성경적 기초

1. 예수님의 〔세 가지〕 사역: 마태복음 4:23에 나타난 예수님의 사역을 중심하여

예수께서 온 갈릴리에 두루 다니사 저희 회당에서 (가) 가르치시며, (나) 천국 복음을 전파하시며, (다) 백성 중에 모든 병과 모든 약한 것을 고치시니(마 4:23).

교회의 일꾼의 구성을 살펴보면 사람을 키우는 사역, 사람을 세우는 사역인 교육 사역에 봉사하는 일꾼이 제일 많다.

가. 〔교육〕 사역(가르치시며): 가장 으뜸되는 사역으로 예수님께서는 가르치시는 교육 사역을 하셨다. 교회 현장에서는 주로 교사들을 중심으로 교육 사역이 이루어지는데, 가장 많은 평신도들이 이 사역에 참여하고 있다.

나. 〔말씀 선포〕 사역(천국 복음을 전파하시며): 목사님들이 주로 담당하는 사역으로서, 전문적인 신학 교육을 받은 분들이 사역을 담당하고 있다.

다. 〔치유〕 사역(모든 병과 모든 약한 것을 고치시니): 교회 역사에서는 주로 신유 사역을 의미했지만, 오늘날에 와서는 치유 사역이라는 용어를 많이 사용하고 있고, 최근에는 상담을 통한 내적 치유까지 포함하고 있다. 한국 교계뿐만 아니라 서구 지역에서도 치유 사역의 중요성이 대두되고 있다.

2. 교회의 〔교육적〕 사명: 마태복음 28:19-20의 예수의 지상명령을 중심하여

교회의 기능은 여러 가지 있겠으나 그 중에 제일 중요한 4가지를 든다면, 당연히 예배, 교육, 선교, 봉사이다. 교회의 사역을 어떻게 이해할 것인가에 따라 그 교회의 스타일이 결정되는데, 현대의 목회나 교회의 강조점이 교육으로 모아지고 있다. 즉 교육이 살아있는 교회는 지속적으로 부흥하고 있다.

예수님의 지상명령인 마태복음 28:19-20의 말씀을 교회의 교육적 사명이란 의미에서 분석해보면 세상에 있는 불신자들을 부르시고(불신자), 부르심에 응답하여 구원받은 성도를 양육하고(신자), 양육된 제자로 훈련하고(제자), 훈련받은 일꾼으로 보냄(사역자)을 받아 세상으로 나가는 것이라고 할 수 있다.

가. 불신자를 부르심/〔전도 · 선교〕 사역: "모든 족속으로 제자를 삼아."

이것은 모든 교회에 속한 신자, 제자, 사역자들이 세상에 나가서 봉사와 전도를 통하여 세상의 불신자들을 믿음 안으로 부르는 과정이다. 이 과정에서는 불신자의 응답이 요청된다. 방법에서는, 각 교단의 신앙과 신학에 따라 어떤 교단은 전도를, 어떤 교단은 사회봉사를 더욱 강조하는 등 각 교단마다 전혀 다른 양상을 보여주고 있으나 그 목적은 동일하다.

나. 성도로 양육함/〔교육 · 양육〕사역: "아버지와 아들과 성령의 이름으로 세례를 주고."

전도받아 성도가 되기로 결심한 자들이 믿음 안에서 자라나는 과정으로 새신자 양육, 세례자 교육 등이 이 과정에 속하며, 주로 새신자들을 위한 초기의 교육 프로그램들이 이 과정에 속한다.

다. 제자로 훈련함/〔교육·제자〕훈련 사역: "내가 너희에게 분부한 모든 것을 가르쳐 지키게 하라."

교회학교 교사, 성가대원, 전도대원, 심방대원, 각종 상담자, 각 분야의 전문성을 띤 봉사자 등 성도가 교회 안에서 또는 교회 밖에서 봉사해야 할 분야는 많다. 이 과정은 온전한 믿음 안에서 훈련되는 과정이고 그리스도의 제자가 되는 과정이다.

라. 사역자로 보내심/〔청지기〕사역: "그러므로 너희는 가서"

훈련된 제자들이 직접 현장에 나가서 사역자로 일하는 것으로서, 믿음의 일터로 보내심을 받는 과정이다. 교회의 교육부나 교육위원회는 각 교육기관을 조직하고, 지원해 주며, 자료를 제공해주고, 교사를 선발해 주며, 격려해 주는 것이 필요하다.

3. 교회의 일꾼: 고린도전서 12장과 에베소서 4장을 중심하여

성경에서는 교회의 일꾼을 그 은사에 따라서 분류한다. 특히 고린도전서 12장과 에베소서 4장에 나타난 교회 일꾼들의 사역을 분류해 보면, 사도, 선지자, 교사(고전 12:28-29), 복음 전하는 자, 목사, 교사(엡 4:11) 등으로 나눌 수 있는데, 이것은 "성도를 온전케 하며 봉사의 일을 하게 하며 그리스도의 몸을 세우려 하심이라"(엡 4:12)고 선언한다. 사역의 분류에서 나타나는 것처럼, 교회에는 말씀 사역과 더불어 가르치는 교육 사역이 중요하게 다루어지고 있다. 그러므로 청지기들이 담당해야 할 기독교 교육 사역은 대단히 중요한 것임을 쉽게 알 수 있다.

기독교 교육에 대한 바른 이해

1. 기독교 교육에 대한 오해

앞에서 밝힌대로, 예수님의 사역의 가장 중요한 부분은 교육 목회를 의미하는 기독교 교육이라고 할 수 있다. 그런 의미에서 청지기의 사명을 담당하는 자는 교회에서 가장 많이 이루어지고 있는 기독교 교육을 올바로 이해하고 있어야 한다. 그럼에도 불구하고 현실적으로는 기독교 교육에 대한 그릇된 인식들이 많기에, 이런 오해를 없애고 바른 이해를 가지도록 돕고자 한다.

가. 〔어린이〕를 위한 교회 활동이라는 오해

여러 가지 오해 중에서 제일 잘못된 견해는 '기독교 교육은 주일학교 운동, 기독교 교육은 어린이들을 위한 것, 기독교 교육은 시집 안 간 젊은 여선생들이 어린이들을 가르치는 교육 활동' 이라는 인식이다. 심지어 각종 교회행사 중에 행사를 방해하지 않도록 어린이를 보호해주는 탁아소의 역할 정도로 인식하는 경향도 있다.

그러나 기독교 교육은 어린이뿐만 아니라 전 교우들, 즉 영아부, 유치부, 유년부, 초등부, 중·고등부, 대학 청년부, 장년부, 노년부를 총괄하며, 연령에 상관없는 평신도 교육, 전도 교육, 새신자 교육, 세례자 교육, 직원 교육 등과 전 가정을 위한 특별 프로그램인 가정 교육과 결혼 적령기의 청년을 위한 결혼 준비 세미나, 결혼 생활 세미나, 유아 부모를 위한 부모교육, 청소년과 부모를 위한 세대간의 대화 교육 등 인생 전체를 포함하는 광범위한 것이다.

이렇듯 기독교 교육의 범위는 상당히 넓다. 참고사항으로 필자가 가르치고 있는 햇불트리니티신학대학원에서 다루고 있는 기독교 교육 분야를 소개하면 다음과 같다.

(1) 교육신학과 교육철학 등을 가르치는 기독교 교육 (기초 이론)분야

(2) 본인의 신앙과 성도들의 신앙 성숙을 돕는 (영성 발달) 분야

(3) 기독교 교육의 대상이 되는 학습자 이해를 위한 (인간 발달) 분야

(4) 목회자와 기독교 교육을 다루는 교육가를 위한 (지도자 이론)분야

(5) 교수학습이론과 교육방법론을 다루는 (교육 이론) 분야

(6) 각계각층을 담당하는 (연령별 사역) 분야

(7) 각종 기독교 교육 학술 조사 및 연구를 담당하는 (리서치) 분야

나. 성경지식 전달 혹은 성경에 대한 (정보 제공)이라는 오해

두 번째 오해는 기독교 교육은 성경 내용을 학생들에게 주입시키는 '성경 정보 제공'으로 알고 있다는 점이다. 기독교 교육은 성경 내용을 학생들의 머릿속에 주입시키는 정보 제공(Information)이 아니라, 살아서 역사하시는 하나님의 말씀대로 살도록 '삶을 변화시키고' (Transformation) 또 변화된 삶을 살도록(Living As Transformed) 도와주는 교육 목회 활동이다.

다. 목회 활동을 위한 (방법론)이라는 오해

세 번째 오해는 기독교 교육을 교육 방법론으로만 취급하려는 경향이다. 기독교 교육을 학생들이—어린아이나, 청소년이나, 청·장년이나, 장년이나, 노인이나, 가족 단위까지라도— 하나님의 백성으로 살아가도

록 돕는 목회 활동으로 여기지 않고, 자신이 가르쳐야 할 내용에 대한 정보 제공 방법을 제시해주는 것으로 인식하여 방법론만 추구하는 모습이 현재 기독교 교육을 바라보는 청지기들의 안목이고, 심지어는 기독교 교육에 참여하고 있는 일반 교사들의 인식이기도 하다. 근본적인 성경적인 이해와 목적에 대한 올바른 인식이 바로 서게 되면, 그 목적에 맞는 방법론은 자연스럽게 터득되고 또 연구되어진다는 사실을 인식하기 바란다.

2. 기독교 교육에 대한 성경적 이해

사도 바울은 "…이 비밀은 너희 안에 계신 그리스도시니 곧 영광의 소망이니라 우리가 그를 전파하여 각 사람을 권하고 모든 지혜로 각 사람을 가르침은 각 사람을 그리스도 안에서 완전한 자로 세우려 함이니"(골 1:27하 -28)라고 제시하는데, 이것은 기독교 교육의 목표이기도 하다. 성경은, '교육적 사명'은 '사람들로 하여금 그리스도 안에서 성도로서의 장성한 분량(온전한 자, 전인)에 이르도록 돕는 것'(엡 4:13)이라고 제시하며, 아울러 모든 성도들이 하나님께서 온전하심 같이 온전할 것을 강조한다(히 5:14, 6:2, 10:22, 11:40; 마 5:48). 이 외에도 기독교 교육의 목적을 이해하는 데 기초가 되는 성경구절은 여러 가지 있지만, 그 중에서 몇 가지만을 정리해 보면 다음과 같다.

가. 딤후 3:16-17/ 의로 교육해서 (온전한) 사람으로 키움

"모든 성경은 하나님의 감동으로 된 것으로 교훈과 책망과 바르게 함과 의로 교육하기에 유익하니 이는 하나님의 사람으로 온전케 하며 모든 선한 일을…"(딤후 3:16-17). 이 말씀은 모든 사역의 궁극적 목표를 말하고 있는데, 이것이 교육 목회를 통한 기독교 교육의 목적이기도 하다.

성경이 하나님의 사람으로 온전케 하며, 선한 일을 하게 하는 데 사용되어야 함을 말하고 있기 때문이다.

나. 에베소서 4:12/ 〔온전한〕 성도가 되어 그리스도의 몸을 세움

"이는 성도를 온전케 하며 봉사의 일을 하게 하며 그리스도의 몸을 세우려 하심이라"(엡 4:12). 이 본문은 가르치는 사역에서 궁극적으로 맺어야 할 열매는 사람을 인격적으로 온전케 하는 일과 그들로 하여금 교회를 섬기며 봉사하게 하는 것이라고 말한다.

다. 에베소서 4:13/ 〔온전한〕 사람이 되어 장성한 분량에 이름

"우리가 다 하나님의 아들을 믿는 것과 아는 일에 하나가 되어 온전한 사람을 이루어 그리스도의 장성한 분량이 충만한 데까지 이르리니"(엡 4:13). 본문은 교회의 교육적 사명이 사람들로 하여금 그리스도 안에서 성도로서의 장성한 분량(온전한 자, 전인)에 이르도록 돕는 것이라고 말한다.

라. 골로새서 1:27/ 그리스도 안에서 〔완전한〕 자로 세움

"…이 비밀은 너희 안에 계신 그리스도시니 곧 영광의 소망이니라 우리가 그를 전파하여 각 사람을 권하고 모든 지혜로 각 사람을 가르침은 각 사람을 그리스도 안에서 완전한 자로 세우려 함이니"(골 1:27).

마. 골로새서 1:28/ 〔완전한〕 자로 세움

"우리가 그를 전파하여…"(골 1:28). 가르치는 일의 궁극적인 목표는 '완전한 자로 세우는 일'이다. 완전한 자는 영적으로 성숙한 자를 의미한다.

바. 히 5:14/ 하나님이 〔온전〕하심 같이 〔온전〕해짐

아울러 성경은 모든 성도들이 하나님께서 온전하심 같이 온전할 것을 강조한다(히 5:14; 마 5:48).

3. 교단별 기독교 교육의 〔목적〕

각 교단마다 교단별 특징을 살린 기독교 교육 목적이 있고, 이것은 각 교단의 신학과 전통에 따른 입장을 잘 표현하고 있다. 어느 교단의 교육 목적이 좋고 나쁘다는 판단은 할 수 없고, 교단별 특징이 잘 표현되었느냐가 판단의 기준이 될 수 있을 것이다. 이에 각 교단의 교육 목적을 소개한다. 여기에서는 교단의 명칭에 따라 가나다 순서로 소개한다(좀더 자세한 내용은 권말부록 1을 참고).

가. 기독교 대한 감리회의 교회 교육 목적
· 자라는 인격 속에 하나님에 대한 의식을 길러주고 하나님과 인격적 관계를 느끼도록 한다.
· 예수의 인격과 생활 및 교훈을 감득하게 하고 예수를 구주로, 생활 지도자로 추앙하도록 하고 예수에 대한 충성을 일상생활에 구현하도록 한다.
· 하나님은 아버지시요, 인류는 형제라고 하는 이상을 사회 건설에 체현할 능력과 성향을 기른다.
· 교회와 기독교적 조직단체에 대하여 분발할 능력과 성향을 기른다.
· 기독교 인생관 및 우주관을 열어주고 지도하며, 인생과 우주에 잠재한 하나님의 목적을 알게 하고, 그 관점에서 인생 철학을 체득하도록 한다.

나. 기독교 대한 성결교회의 기독교 교육 목적

모든 사람으로 하여금 성서를 통하여 보여주신 하나님의 부름에 응답하여 하나님을 알고 예수 그리스도를 믿음으로 거듭나며, 성령의 도우심으로 성결한 그리스도인이 되어 사랑의 공동체인 교회를 섬김으로 하나님을 영화롭게 하고, 이 세상을 구원하시는 하나님의 역사에 동참하여 복음을 전하고, 이웃을 사랑하며, 영육을 강건케 하시는 성령과 함께 살면서 소망스러운 삶을 살도록 도와주려는 것이다.

다. 대한 예수교 장로회(통합)의 기독교 교육의 목적

기독교 교육의 목적은 성령을 통하여 모든 사람으로 하여금 예수 그리스도 안에서 자기를 계시하시는 하나님의 실재와 구원하시는 사랑을 경험함으로 예배와 순종으로 그에게 응답하고 나아가서는 자기를 알고, 우주와 자연 및 자기가 처하여 있는 사회와 역사의 의미를 깨달아 성경말씀으로 생활하며 그리스도와 같은 품격으로 성장함으로써 그의 몸된 교회의 선교와 연합의 역군이 되어 희망 가운데 하나님의 사랑과 정의에 터한 사회건설의 사명을 수행할 수 있는 능력을 발전시켜 주는 데 있다.

라. 대한 예수교 장로회(합동)의 기독교 교육의 목적 – 권말부록 1 참고.

마. 대한 예수교 장로회(고신)의 기독교 교육의 목적– 권말부록 1 참고.

바. 기독교 하나님의 성회(순복음)의 기독교 교육 목적– 권말부록 1 참고.

사. 침례 교단 기독교 교육의 목적 – 권말부록 1 참고

아. 한국 기독교 장로회의 교회 교육 목적 – 권말부록 1 참고

자. 기독교 연합 선교회(미국 C&MA, 예수교 성결교회 자매교단)의 기독교 교육 철학 및 목적 – 권말부록 1 참고.

청지기의 기독교 교육 (참여)

청지기들은 교회의 중심적인 일꾼들로서 모든 교육 목회 활동에 참여하게 되고, 또 참여해야 한다. 구체적으로 교회조직 내에서, 또 교육기관 안에서 활동이 이루어져야 하는데, 실질적인 문제는 개교회별로 다양하기 때문에 일반적인 내용으로 다음과 같은 활동을 제시한다.

1. 역사적 (배경) – 주일학교운동

주일학교운동은 이미 잘 알려진대로, 1780년 영국에서 시작되어 미국에 1785년 소개되었고, 후에는 전세계로 보급되었다. 주일학교가 시작되고 보급되는 과정에서 나타나는 역사적인 특징은 평신도 사역자들인 청지기들에게 좋은 지침이 된다.

가. 평신도운동 – 주일학교 운동의 첫 번째 특징은 평신도들에 의해서 시작되고, 평신도들에 의해서 조직되고, 평신도들에 의해서 보급되었다는 것이다. 모든 청지기로서의 사명을 잘 감당한 결과로서 교육뿐만 아

니라 전도와 봉사가 함께 어우러진 총체적인 평신도 사역이다.

나. 사회봉사운동 – 교회 안에서 뿐만 아니라, 사회 속에서도 봉사활동을 담당함으로써, 어린이 교육 활동뿐만 아니라, 문맹퇴치 운동 같은 사회봉사 활동까지 담당하게 되었다.

2. 청지기의 [역할]

가. 교회의 부서 안에서의 [역할]

한국 교회들은 내부적으로 '선교'와 '교육'이 싸우는 경향이 있다. 선교위원회와 교육위원회, 혹은 선교부와 교육부가 교회의 거의 모든 재정을 사용하고 있는데, 서로 자기 부서의 프로젝트나 활동을 확대선전하고, 더 많은 재정을 자기 부서로 끌어가려고 노력한다. 일반 성도들이 볼 때는 선교와 교육이 싸우는 것처럼 여겨진다. 선교가 일종의 운동(movement)으로 이해되는 한국 상황에서 기독교 교육 활동이 생산성 없는 영구적 소비단체로 이해되는 것을 부인할 수 없다. 이런 경우에 청지기들이 담당해야 할 역할이 있는데, 다음과 같다.

(1) 부서 이기주의의 [중재적 역할]을 담당해야 한다. 특히 교회의 방향을 고려해서 장기적인 안목으로 프로젝트를 짜고, 교회의 부흥에 부합하는 재정 지원이 이루어지도록 중재적인 역할을 담당해야 한다. 실질적인 예를 들면, '교사'들과 '성가대원'에 대한 격려나 지원이 같아야 한다.

(2) [행정 체계]를 존중해야 한다. 아무나 교사로 임명하거나, 학기 중에 임의로 교사를 임명함으로써, 교육의 계속성이 저해되거나 교사들이나 학생들에게 혼란을 야기시켜서는 안 된다. 교사 임명에 대한 인사권

은 전적으로 담임 교역자에게 있다는 사실을 염두에 두고 행정 체계를
존중해야 한다.

나. 교육 기관에서의 [역할]

교육 기관에 소속되지 않은 청지기들도 함께 협력해야 하지만, 교육
기관에 소속된 청지기들이 교육 기관 안에서 담당할 수 있는 역할은 다
양하다. 먼저 교육부 활동에 대한 구체적인 역할을 생각해야 한다. 첫째,
교사로서 직접 가르칠 수 있다. 교사로서의 사명을 담당하기 위해서는
교사 훈련에 직접 참여해야 한다. 또한 상담자로서 혹은 교육 자료 지원
자로서도 교육 부서 안에서 직접 일할 수 있다.

다. 교육 행사 지원 및 후원 [역할]

교육 기관에 소속되지 않은 청지기들이 할 수 있는 가장 중요한 일은
주로 교회교육을 후원하는 일일 것이다. 교사들을 위해서 기도하는 일,
교사들을 격려하는 일, 장학사업 등에 동참하는 일이다. 아울러 교육 활
동이 아닌 다른 역할로는, 교사가 될 수 있는 성도를 찾아서 추천하는 일
이 있는데, 이는 상당히 중요하다. 특히 교회가 클수록 이런 역할은 중요
하다. 목회자들이 성도들의 달란트와 능력을 알지 못할 수 있기 때문이
다. 구체적으로는 교사 선발, 교사 훈련에 대한 지원, 교사 임명 등에 대
한 협력을 할 수 있다. 아울러 교회에서 실행하고 있는 장학사업이나 교
육 프로젝트에 대한 관심과 참여도 중요하다. 교회에서 이루어지는 각종
교육 활동과 교육 행사는 다양하다. 특히 여름에 실시되는 어린이를 위
한 여름성경학교나 청소년을 위한 여름수양회, 청년이나 대학생들을 위
한 하기 단기 선교활동, 농촌, 사회봉사 활동, 기타 수련회 등은 지도자
로 직접 참여해서 지원할 수도 있고, 재정적인 지원과 기도로 후원할 수

도 있다.

기독교 교육을 위한 [조직]과 기능/업무분담[1]

모든 교회는 거의 기독교 교육을 위한 이원조직을 갖고 있다. 그러나 직원들이 이 조직의 기능과 역할을 잘 이해하지 못하고, 그냥 직원회에 참석했다가 본인이 교육부에 속했다는 사실을 아는 것으로 그치는 경우가 많다. 직원이 기독교 교육의 조직을 잘 이해할 때, 직원으로서의 역할을 잘 감당할 수 있다.

1. 목회자의 [역할]

교회의 총책임자는 목사이므로, 직책상 교육 행정가로서의 책임이 있다. 교육 행정가로서의 담임목사는 행정자문가의 역할, 교육자의 역할, 격려자의 역할이 있으나, 교회 학교 교장이 되는 일과 정규적으로 한 반을 가르치는 일과 교회학교의 교사나 부장 등을 통제하는 일은 담임목사가 하지 않는 것이 바람직하다(자세한 내용은 권말부록 2 참고).

가. 담임 교역자

담임 교역자는 교회를 대표하면서 교회를 전체적으로 책임지기 때문에, 담임 교역자는 당연히 교육 분야를 위한 목회철학과 목회방침을 제시해야 한다. 아울러 인사권자로서 교사 임명을 책임지며, 정책 결정자로서 교회학교에서 사용할 교재를 선택해 주어야 한다.

---

1) 8월 말에 출간 예정인 "목회자를 위한 교육목회"를 참고하라.

나. 교육목사/교육전도사/교육사

교회의 크기에 따라서 전담 교육목사를 두거나, 교육전도사, 혹은 교육사(아직은 많은 교회에 익숙하지 않으며, 교육사 제도를 둔 교단과 두지 않은 교단이 있다)가 교육 목회의 전체를 책임지는 교회도 많아지고 있다. 교육목사는 교회교육에 대한 전반적인 책임을 지되, 교육위원회와 더불어 협력해서 교육 목회가 활성화되도록 이끌어야 한다. 교육목사는 담임 교역자의 목회방침을 실질적으로 교육목회에 접목하는 역할을 담당한다.

2. 부서의 [역할]

기독교 교육은 전 교회가 행하는 프로그램이지만 전 교회가 교육현장에 참여할 수 없으므로 목사의 추천으로 당회의 인준을 거쳐 교육위원을 임명하는 것이 좋다. 교육위원은 교회학교 교장(목사가 아닌 분으로서, 교육위원회 위원장과 겸직하지 않는 것이 바람직하다), 직원회의 교육부장, 교회학교의 각부 부장, 특수교육분야의 책임자로 구성되어야 한다. 그리고 교포교회에서는 한글학교 교장도 포함한다.

가. 교육위원회의 [역할]

교육위원회는 주로 정책적인 일들을 하는데 교육정책연구, 교육인력 및 자원 수급에 관한 대책, 평생교육과제(교육청서)를 계속 개발 연구, 교사 교육 보완, 교사 연장 교육, 교육 공관(시설) 확보를 위한 장·단기 계획 수립, 교사 지원 확보 및 교사에 대한 통제 등의 역할을 담당한다.

나. 교육부의 [역할]

교육위원회가 없는 교회는 주로 교육부를 직원회 산하에 두는데, 교육위원회가 없는 교회에서는 교육위원회의 업무도 담당하며, 위원회가 있으면 교육부는 주로 각급 교회학교간 업무 조정 및 후원, 각종 교육 행사 집행의 역할을 한다.

다. 연령별 교육기관의 [역할]

교인을 연령별로 구분하여 어린이부, 학생부, 청년부, 장년부 등으로 나누어서 실질적인 교육 활동과 교육 목회가 이루어지도록 한다. 각 기관마다 특성에 맞는 조직을 갖되, 교사 조직과 학생 조직을 이원화시킬 수도 있고, 교사 중심의 조직을 갖출 수도 있다.

3. 교육기관 직분자로서 청지기의 [역할]

가. 교장/교감 - 교회학교의 실질적인 책임자로서 당회장/담임목사의 목회방침에 맞게, 또 교육위원회/교육부의 정책에 맞추어 교회학교를 운영한다.

(1) 교회학교 전체의 재정과 행사를 총괄하며, 부서별 활동을 정책적으로 또 재정으로 지원한다.

(2) 교사 충원을 위해 교사들을 선발하고 훈련하며, 훈련된 교사를 담임 교역자에게 추천한다.

(3) 부서별 교육활동에 대한 시간별 조정과 교육자원, 교육자재의 활용을 조정하고 통제한다.

나. 부장/부감 - 교회학교 각 부서의 책임자로서 각 부서의 교육활동과 재정활동을 총괄한다.

(1) 교장/교감과 협력하여 부서의 모든 교육활동과 재정상황을 실질
적으로 점검하고 감독한다.
(2) 교회 지도자(목회자, 당회, 위원회 등)와 교회학교와의 중간자로
서의 역할을 담당한다.
(3) 총무와 협력하여 부서의 학급 편성과 교사 배치를 담당한다.

다. 총무/중간지도자 – 각 부서의 실질적인 일꾼으로서 가르치는 사역
보다는 행정과 행사 등에 대한 업무를 총괄한다.
(1) 부서별 예배, 음악, 행사 등을 준비하여 원활한 진행을 담당한다.
(2) 재정 운용과 각종 행사의 진행을 주관하고, 결과 및 평가를 보고한
다.
(3) 교사들과 학생들의 요구사항이나 필요한 사항을 파악하여 처리한
다.

라. 교사/보조교사 – 학생들을 직접 가르치고, 교육목회의 실질적인
사명을 담당한다.
(1) 학생들에게 성경과 공과를 직접 가르치고 지도한다.
(2) 학생들을 상담하고, 심방하고, 지도한다.
(3) 학생을 위해서 또 교육을 위해서 철저히 준비하고 기도한다.
(자세한 내용은 권말부록 2 참조)

기독교 교육 이해를 위한 십계명

1. 예수님의 사역을 따르라 : 마 4:23

2. 교회의 교육적 사명을 명심하라 : 마 28:19-20

3. 자신의 교육적 은사를 발견하여 봉사하라 : 고전 12:28-29; 엡 4:11

4. 교육 목회/기독교 교육에 대해서 올바른 이해를 가지라.

5. 기독교 교육에 적극적으로 참여하는 것이 교회 부흥의 지름길임을 명심하라.

6. 장학사업에 적극 참여하라.

7. 교사로 헌신하라. 혹은 헌신된 교사를 지원하라.

8. 교회 교육을 위해서 정기적으로 기도하고 지원하라.

9. 배우고 또 가르치는 자가 되라.

10. 교단의 교육 목적과 교회의 교육 방침을 파악하라.

청지기로서 본 교회와 노회, 지방회 및 총회에서 실시하는 각종 기독교 교육 프로그램에 얼마나 참여하고, 또 이해하고, 협력하고 있는가를 본인 스스로 평가해 보십시오. 좀더 적극적으로 기독교 교육 활동에 참여하는 청지기가 되시기 바랍니다.

1. 교회의 4가지 기능(교육 목회를 위한 기능)은 무엇인가?

가.

나.

다.

라.

2. 교회의 교육적 사명 중에서 참여하고 있는 분야를 적어보라.

가. 불신자를 부르는 사역 분야

나. 성도로 양육하는 사역 분야

다. 제자로 훈련하는 사역 분야

라. 사역자를 보내는 사역/ 사역자를 지원하는 사역 분야

3. 기독교 교육에 대한 올바른 이해는 어떤 것들이 있는가?

맞으면 O표, 틀리면 X표 하라.

가. (   ) 기독교 교육은 교육 목회 활동으로서 주님께서 이미 실천하신 것이다.

나. (   ) 기독교 교육은 주일날 이루어지는 각종 교육 활동으로서 다른 날은 할 수 없다.

다. (   ) 기독교 교육은 어떻게 하면 성경을 잘 가르칠 것인가를 연구하는 교육방법론이다.

라. (   ) 기독교 교육은 교회 안에서 이루어지는 어린이 교육 활동이다.

마. (   ) 기독교 교육은 정보 제공이 아니라, 삶의 변화를 돕는 활동이다.

4. 기독교 교육에 대한 참여도는 어떠한가?

가. 본인이 참여하고 있는 교육 활동에: (%)

　　① 가르치는 교사로서　　　　　　20 40 60 80 100

　　② 학생으로서　　　　　　　　　　20 40 60 80 100

　　③ 지원자로, 임직원으로　　　　　20 40 60 80 100

나. 본인이 참여하고 있는 장학사업에:

　　① 장학회원으로서　　　　　　　20 40 60 80 100

　　② 장학사업에 대한 이해는　　　　20 40 60 80 100

가. 교회의 전반적인 교육을 위한 기도

　　① 나는 교회의 교육 활동을 위해서 매일 기도한다.

　　　　　　　　　　　　　　　20　40　60　80　100

　　② 나는 교사들을 위해서 매일 기도한다.

　　　　　　　　　　　　　　　20　40　60　80　100

나. 교사들에 대한 격려

　　① 나는 교사들을 위해 다음과 (월 1회, 분기별 1회, 연중 2회, 연중 1회, 전혀 없음) 같이 격려한다.

다. 자녀의 교사에 대한 관심과 격려

　　① 나는 우리 자녀의 교사 이름을 알고 있다.

　　　　　　　　　　　　　　　20　40　60　80　100

　　② 나는 그 교사의 고통을 알고 있다.　　20　40　60　80　100

　　③ 나는 그 교사를 위해서 특별히 기도한다.

　　　　　　　　　　　　　　　20　40　60　80　100

제 **18** 과

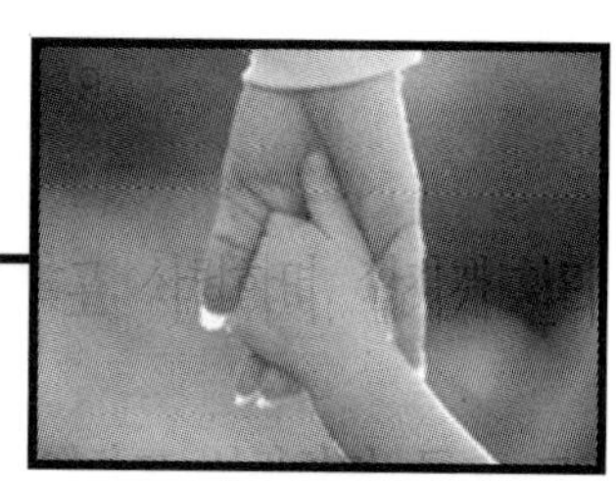

새신자 이해 및 양육

새신자 이해 및 양육

훈련목표

새신자들이 교회에 등록하는 모습은 심심찮게 보지만 그 새신자들이 뿌리를 내리는 경우는 보기 힘들다. 많은 사람들이 중도에서 신앙생활을 포기하는 것은 새신자의 책임이라기보다는 그들을 잘 양육하고 가르치고 훈련하지 못한 우리 청지기들의 책임이다. 본 과를 통해서 새신자 양육이란 무엇이며 어떻게 새신자들을 이끌지 공부해 보자.

어느 교회든지 매년 많은 사람을 전도하여 교회에 오게 하지만, 그들을 양육하고 훈련하여 온전한 신자가 되기까지 잘 키우는 교회는 드물다. 지난 한 해 동안 우리 교회를 거쳐간 사람들이 얼마나 되는가 잠깐 돌이켜 보고, 만약 그들이 모두 우리 교회에서 훌륭한 신자로서 신앙생활을 계속하고 있다면, 우리 교회는 얼마나 부흥했을 것이며 그들은 얼마나 영육간에 축복을 받았겠는가 생각해보자.

많은 사람들이 중도에서 신앙생활을 포기하는 것은 새신자의 책임이라기보다는 그들을 잘 양육하고 가르치고 훈련하지 못한 우리 청지기들의 책임이다. 그러므로 새신자들을 교육부나 전도부에 떠맡기지 말고 새신자부를 따로 두어 전문적으로 그들을 양육하는 것이 바람직하다. 그렇다면 새신자 양육이란 무엇이며 어떻게 해야 하는가? 교회에 등록한 새가족들이 교회에 정착하기 위해서 반드시 필요한 것은 무엇일까?

새신자

1. 새신자: 태신자, 초신자, 전입교인

새신자는 교회에 등록한 모든 사람을 말한다. 새신자는 〔초신자〕(구도자)와 〔전입교인〕으로 구분할 수 있다. 구도자는 초신자를 말하고, 전입교인은 다른 곳에서 믿다가 이사 와서 등록한 자를 말한다. 이 두 종류의 새신자는 다 양육되어야 한다. 물론 양육과정과 교과과목이 차이가 있다(고후 13:5).

예수님의 지상명령에는 전도와 양육이 똑같이 포함되어 있다.

최근에 한국교회는 '태신자'라는 새로운 용어를 사용하는데, 〔태신자〕는 아직 교회에 나오지 않았지만 신자들의 마음속에, 특히 전도자의 기도 속에 잉태된 〔전도 대상자〕를 뜻한다. 마치 아기가 모태에서 10개월 동안 자라다가 때가 되면 출산하게 되는 것과 같이, 태신자도 전도자가 기도하며 긴밀한 관계를 맺고, 때가 되면 전도를 받고 하나님의 자녀로 태어나는 것을 말한다. "…오직 너희를 내 사랑하는 자녀같이 권하려 하는 것이라 그리스도 안에서 일만 스승이 있으되 아비는 많지 아니하니 그리스도 예수 안에서 복음으로써 내가 너희를 낳았음이라"(고전 4:14-15).

2. 새신자 양육

〔새신자 양육〕(초신자의 양육)이란 이미 양육된 신자가 새로 믿기로 결심한 자의 〔믿음의 성장〕을 돕는 것을 말한다. 전도와 양육은 다르다. 〔전도〕는 시작이며 〔양육〕은 마무리이기 때문에, 전도한 사람이 양육하

는 것이 바람직하다. 아기를 잉태하여 출산하기까지 임신 중의 수고도 크지만 출산한 후의 양육은 더 중요하다. 전도에 지름길이 없듯이 양육에도 지름길이 없다. 계속해서 양육할 때 양육의 방법이 개발되고 훌륭한 양육자가 된다. 그래서 새신자 양육은 일반적으로 새신자가 자립해서 독립적으로 신앙생활할 수 있도록 기독교의 기본진리를 가르치고, 그 진리대로 살게 하는 과정이다.

〔이사 온〕 신자(전입교인)의 양육은 초신자의 양육과는 좀 다르다. 이사 온 신자가 어디서 신앙생활을 했든지 간에 과거의 신앙을 점검해보며, 우리 교회의 현재 사정(전통, 교리, 생활주변 등)에 무리없이 어울려 신앙생활에서 계속 승리를 얻도록 ― 가르친다기보다는 ― 돕는 데 이사 온 신자를 새신자로서 가르쳐야 할 이유가 있다. 이사 온 신자나 새로 들어온 신자는 과거의 신앙 태도에 집착하는 경우가 많기 때문에 어떤 때에는 교회 분열의 씨앗이 되는 수가 있다. 그러므로 우리 교회에서 잘 접목하여 계속 자랄 수 있도록 지도해야 한다. 새신자의 구원문제와 직분자가 교회법에 따른 절차를 거쳐 청지기가 되는 과정 등이 분명하게 다루어야 할 것들이다.

3. 새신자에 대한 이해 – 새신자는 누구인가?

새신자들을 가르치기 전에 먼저 새신자가 누구인가를 알아야 하며, 새신자들의 상태가 어떠한지를 먼저 알고 있어야만 성공적으로 잘 양육시킬 수 있다. 성경은 새신자들을 어린아이로 표현하고 있다(요 3:3; 고전 3:1; 벧전 2:2; 요일 2:12-14). 어린아이에게는 부모의 사랑, 보호, 양육, 그리고 훈련이 필요하다.

가. 새신자들의 〔일반적인〕 반응

· 새신자는 자신의 양육문제로 청지기들을 만나려 하지 않는다.

· 새신자를 양육하는 청지기를 믿지 않는다.

· 구원의 확신을 쉽게 가질 수 없다.

· 일상생활 속에서 죄 때문에 계속해서 여러 가지 문제들을 갖고 있다.

· 전혀 기도를 할 줄 모르거나, 하지 않거나, 미숙한 기도생활을 하고 있다.

· 예수를 믿는다고 공개적으로 말하기를 꺼려한다.

· 믿음이 약하거나, 편리한 교회(술, 담배 등에 구애받지 않고 다니는 교회)에 다니려고 한다.

· 완고한 가정과 친구들의 강력한 반대에 부딪힌다.

· 어떤 의심이 가는 교리 분야와 그리스도인의 신앙생활 면에서 극단적으로 나가기 쉽다.

나. 새신자에게 〔영향〕을 주는 요건들

새신자들은 어린아이와 같아서 조그마한 것에도 아주 큰 영향을 받는다. 그러므로 양육자들은 많은 점들을 조심해야 하고, 어떤 것들이 새신자들에게 영향을 주는지 알아야 한다.

새신자들에게 영향을 주는 첫째는 기존 신자들과 새신자와의 〔관계〕이다. 새신자의 전도자가 제일 큰 영향을 줄 것이며, 새신자가 교회생활에서 만나는 사람들은 모두 어떤 모양으로든지 영향을 준다고 봐야 한다. 심방자, 양육자, 구역의 식구들, 기관의 임원 등이 모두 영향을 준다고 봐야 한다. 그러므로 양육자들의 신앙태도와 새신자들을 대하는 태도가 모두 새신자의 신앙 형성에 커다란 영향을 준다. 다음에는 양육자의 헌신적인 자세와 생활, 집중적이고도 계속적인 양육과 훈련, 새신자 주변의 교우관계가 매우 중요하다. 그러므로 청지기들은 새신자에 대해서나, 새신자들 앞에서의 언행에 특별히 조심해야 한다. 그러나 이는 이중인격자가 되라는 말은 결코 아니다.

심방을 가서 교회나 교역자, 교인들을 비방하는 자세나 비판적인 말들을 나누게 되면, 새신자는 비판적이고 부정적인 자세를 갖게 된다. 불필요한 대화는 삼가는 것이 좋다.

그렇다면 새신자는 왜 교회를 떠나는가? 새신자가 교회를 떠나는 이유는 다양하다.

첫째로, 새신자가 따뜻한 [사랑]과 [편안함]을 느끼지 못할 때 떠난다. 새신자가 왔다고 사랑을 표현한다는 것이 너무 지나쳐서 부담을 주게 될 때, 또 너무 등록을 강요하게 될 때, 많은 새신자들이 떠난다.

둘째로, 새신자가 [소속감]을 확신하지 못할 때 떠난다. 새신자들은 나름대로 어떤 기간을 두고, 교회에 시험적으로 출석하는 경우가 많다. 이런 기간 동안(대개의 경우 3개월 정도), 자신이 어떤 구역이나 기관, 더 크게는 본교회에 소속한 신자라는 소속감을 심어주게 될 때 효과적이다.

셋째로, 새신자들이 교회 출석에 [불편]을 느낄 때 떠난다. 교통문제, 주차문제 등이 그 이유일 수 있다. 청지기들은 새신자들을 위해서 교회에서 가까운 주차공간을 새신자에게 양보할 수 있는 여유가 있어야 한다.

4. 새신자에 대한 오해

가. 새신자에 대한 책임은 (목회자)에게 있다는 오해.

목회자는 교인에 대한 책임, 특히 새신자에 대한 책임이 있다. 그러나 새신자들이 교회를 떠나는 대부분의 이유는 목회자보다는 기존 신자의 위선과 교만 그리고 무관심 때문이다. 목사 때문에 교회를 떠나는 사람은 차라리 기존 신자들이다. 그러므로 청지기의 태도와 생활의 변화가 필요하다. 목사는 영적인 양식을 공급하고, 성도는 사랑과 관심으로 새신자를 구체적으로 보살펴야 한다.

나. 새신자가 교회에서 떨어져나가는 것은 새신자 (자신)의 책임이라는 오해.

새로운 교회를 방문하거나 등록한 새신자가 이내 교회를 떠나는 이유는, 아직 교회를 파악하지 못한 입장이므로 교회 내의 어떤 것에 대해서 실망하고 교회를 떠났다기보다는 개인적인 실망에서 떠난다. 교회는 새신자들에게 교회를 친근하게 여기도록 인도해야 하고, 전도자는 최소한 교회에 정착할 때까지 보살펴 주어야 한다.

다. 새신자는 (주일 예배)에만 참석하면 된다는 오해.

새신자는 복음을 정확하게 받아들여 죄를 회개하고 예수님을 개인의 구주로 영접하도록 해야 한다. 새신자가 주일 예배에만 참석해도 감지덕지하는 태도는 버려야 한다.

라. 새신자와 기존 신자의 교제는 교회를 출석하다 보면 (자연스럽게) 이루어진다는 오해.

아무리 교회가 거창한 환영행사를 실시해도, 새신자는 아직도 이질감과 소외감과 어색함과 쑥스러움을 갖고 있다. 새신자와 기존 신자 사이에 보이지 않는 어떤 벽이 있기 때문에 구역예배 등 자연스럽게 새신자와의 교제가 이루어질 수 있도록 하고, 또 강요받는 느낌을 갖지 않는 전도자나 양육자의 가정으로 초대하는 것이 필요하다.

마. 기존 신자 그룹에 새신자가 들어가면 잘 (적응)하지 못한다는 오해.
교회가 커질수록 끼리끼리 모이는 경향이 생기는데, 교회에서 프로그램으로 운영하는 소그룹활동이 아닌, 개인적인 친분관계 속에 새신자들이 자연스럽게 어울리도록 구역조직이나 각 기관조직에 참여하는 기회를 적극적으로 마련해야 하되, 강요받는 느낌을 주지 않아야 한다.

양육자

1. 이상적인 양육자

누가 양육자가 될 것인가? 바울은 "그리스도 안에서 일만 스승이 있으되 아비는 많지 아니하니 그리스도 예수 안에서 복음으로써 내가 너희를 낳았음이니라"(고전 4:15)라고 하여 교회의 현실을 지적했다. 교회에 전도하는 사람은 꽤 되는데, 양육하는 사람은 적다는 뜻이다. 교회에 청지기는 많은데 양육자는 적다는 뜻이다. 영적으로 어린아이인 새신자의 성장을 위하여 "순전하고 신령한 젖"(벧전 2:2)이 필요함과 동시에 이를 먹여줄 (보모)가 필요하다. 새신자를 양육할 수 있는 사람은 적어도 교회에서 집사 이상이어야 한다.

2. 양육자의 태도

양육자는 성경 지식이나 교회 생활의 지식 전달자가 아니다. 양육자는 신앙 인격과 생활에 모든 (모범)을 보여 양육해야 한다. 양육 결과는 항상 교회에 보고해서 교회와 계속 유기적인 관계를 이어가며, 새신자의 성장을 도와야 한다. 양육자와 새신자는 잠시 교육을 주고받는 선생과 학생의 관계가 아니라 신앙 안에서 일대일의 관계 향상을 더하므로 영적인 부자관계 내지 형제관계이다. 양육자는 교회의 좋은 안내자이며, 첫 번째 (영적 보호자)이다.

양육은 예수님의 지상명령이기 때문에 헌신이 필요하다. 양육자가 되기 위하여 먼저 훈련을 받아야 하고, 새신자를 위해서 계속해서 자기 시간을 헌신해야 한다. 양육자는 하나님을 사랑하고, 이웃을 사랑하는 것을 보여줄 수 있어야 한다.

또 하나 중요한 사실은, 양육은 자기를 위해서 하는 것이 아니라 하나님의 자녀로 양육하기 위한 것임을 잊지 말아야 한다. 또한 자기 발전을 새신자에게 계속 보여주어야 한다.

가. 생활의 (본)을 보이라.

· 딤전 4:11-12 – "네가 이것들을 명하고 가르치라 누구든지 네 연소함을 업신여기지 못하게 하고 오직 말과 행실과 사랑과 믿음과 정절에 대하여 믿는 자에게 본이 되어."

· 살후 3:9 – "우리에게 권리가 없는 것이 아니요 오직 스스로 너희에게 본을 주어 우리를 본받게 하려 함이니라."

· 고전 11:1 – "내가 그리스도를 본받는 자 된 것같이 너희는 나를 본받는 자 되라."

나. 그리스도 안에서의 (성장)을 보이라.

개인적으로 새신자를 양육하는 중이라도 청지기는 자신과 그리스도와의 관계가 계속 성장하도록 특별히 신경써야 한다. 이는 매우 중요한 일이다. 사도 바울도 자신의 계속적인 성장을 표현할 때에 "내가 이미 얻었다 함도 아니요 온전히 이루었다 함도 아니라… 푯대를 향하여 그리스도 예수 안에서 하나님이 위에서 부르신 부름의 상을 위하여 좇아가노라"(빌 3:12-14)라고 표현한다.

3. 양육자의 역할

양육자는 그들을 위해서 기도하는 일, 사랑하는 일, 계속적으로 모범이 되는 일, 인정해 주는 일, 필요할 때에 책망하는 일, 효과적으로 가르치는 일, 목표를 분명하게 하는 일, 행동으로나 마음으로 함께 참여하는 일, 격려하는 일 등을 스스로 실천해야 한다. 또한 확신을 갖고 하나님을 믿도록 도와야 하고, 기본적인 신앙생활을 이해할 수 있도록 도와야 한다. 새신자가 우리 교회 생활에서 전심을 다 할 수 있도록 도우며, 새신자가 자기의 신앙을 다른 사람에게 전하는 것을 배우도록 도와야 한다.

양육의 실제

1. 양육체계

새신자가 등록하면 안내자의 접수를 거쳐 예배시간에 소개하고 환영한다. 예배 후에 다시 대면하여 친교의 시간을 갖고, 교회 생활을 소개한다. 새신자와 목회자(대개 담임목사)와의 사진촬영은 친교시간에 하거

나, 예배시간 중 새신자 소개 때 앞으로 나오도록 하여 찍어도 좋다. 등
록된 신자는 행정처리가 된 후에 양육자와 연결이 되고, 양육자는 새신
자를 소개받아 〔일대일〕로 양육한다. 새신자 양육은 〔일대일〕 관계가
가장 이상적이다. 그룹양육이나 집단 양육이 있을 수 있으나, 부득이한
경우에 한한다. 한 어머니가 한 자녀를 양육하는 것과, 고아원 같은데서
집단 양육하는 것을 비교하여 상상해보면 쉽게 이해가 될 것이다. 대량
생산을 하면 무리가 오고, 불량품이 많이 나오는 것같이, 만족할 만한 교
육과 양육이 불가능하다. 교회에서 정한 소정의 교과과목을 마치면 마지
막으로 담임목사의 심방으로 교육을 점검 — 이 때는 주로 구원의 확신
을 다루는 것이 좋음 — 하는 것이 바람직하다. 대교회에서는 수요일에
수요예배와 새신자반을 별도로 운영하여 교과목을 계속 반복하는 교육
방법을 사용하는데, 이러한 방법을 이용해도 좋을 것이다.

2. 양육의 시간과 장소

새신자 양육에는 교회에서 정기적으로 양육하는 〔그룹양육〕과 개별적
으로 새신자의 집에 찾아가서 실시하는 〔개인양육〕이 있다. 어느 경우라
도, 각각의 장점과 단점이 있다. 교회에서 그룹으로 양육하면 양육자의
입장에서는 편리하지만 새신자의 출석율이 낮고, 개별적으로 양육하면
개인적인 친밀감이 강해지지만 교제의 폭이 좁고, 새신자끼리의 교인 의
식도 약해지며, 가정 문제 때문에 양육 기간이 길어지는 경향이 있다.

새신자 양육의 시간은, 먼저 양육 기간이 약속된 후에 시작하며, 새신
자의 마음에 부담없이 공부할 수 있는 시간을 우선으로 한다. 한 주간에
한 번을 원칙으로 하며, 한 번의 교육시간은 한 시간 내지 한 시간 반이
면 좋다. 끝나고 차를 나누는 친교의 시간과 질문과 상담의 시간은 굉장

히 중요하다. 입교 후 3-4개월 동안은 많은 의심과 질문을 가질 수 있는 기간이므로, 양육 대상자를 두려워 말고 엉뚱한 질문에도 성의 있는 태도로 잘 처리해야 한다.

3. 양육의 내용과 교재 – 무엇으로 양육할 것인가?

새신자 양육 교재는 서점에 많이 나와 있고, 또 목회자가 직접 만들어 사용하는 경우도 있다. 그러나 새신자를 직접 양육해 본 필자의 경험으로는 6과로 된 교재가 가장 이상적이었는데, 새신자들이 쉽게 마칠 수 있어서 성취감을 가질 수 있도록 해주었다. 가장 기본적인 과정을 마치고, 계속해서 세례자반이나 기타 후속 프로그램에서 공부할 수 있도록 하여, 새신자라는 호칭을 빨리 떼주고 정식교인으로서 속히 자리잡아갈 수 있도록 배려하는 것이 좋다. 6과의 내용은 가장 기본적인 내용으로서 다음과 같다.

제1과 신앙생활의 시작 – 죄의 해결과 구원의 확신

제2과 믿음의 대상 – 믿음의 의미와 사도신경 공부

제3과 믿음의 성장 – 영적 양식인 성경에 대한 기초적 이해와 성경 읽는 법

제4과 교회생활 – 교회의 조직과 활동 등으로 기본적인 이해

제5과 승리의 생활 – 기도, 기도의 자세, 기도 방법 등 기도생활

제6과 헌신과 봉사의 생활 – 헌금, 주일성수, 전도에 관한 교인으로서의 기초적인 신앙생활

어떤 양육 교재를 사용하더라도 최우선적으로 가르쳐 주어야 할 내용들이 있다. 이 내용들을 익히면 초신자들이 교회 생활할 때 서먹서먹하

지 않고, 또 교회에 정착하는 데 큰 도움이 된다. 가장 우선되어야 할 내용은 (1) 교회 소개 - 긍정적이고 적극적인 면, (2) 목회자 소개 - 모든 목회자와 그 가족, (3) 장로님 소개 - 모든 장로님과 그 가족, 작은 교회에서는 권사님들도 포함, (4) 예배드리는 법 - 가장 기본적인 내용, (5) 주보 보는 법 - 예배 순서와 교회 소식, (6) 찬송가 찾는 법, 교독문 찾는 법과 교독의 순서, 성경 찾는 법 등이 있다.

4. 양육할 때의 주의사항

주제를 이탈하지 말고, 시간을 지키며, 그렇다고 너무 빨리 가르치지 말아야 한다. 절대로 준비없이 가지 말며, 가기 전에 반드시 기도로 무장하고, 새신자의 집에 짐을 가져가지 말아야 한다. 즉 돈거래를 하거나, 새신자에게 부담스러운 숙제를 주거나, 부담스러운 부탁들을 절대로 하지 말아야 한다. 대립되는 질문이나 논쟁을 하지 말며, '모든 것을 아는 식'의 태도를 갖지 말아야 한다. 가르칠 때는 나쁜 호흡을 조심하고, 새신자를 이해하기 위해서 새신자의 말을 명심하고, 새신자의 친구인 동시에 지도자가 되어야 한다.

가. 새신자를 〔정착〕시켜라.

한국이나 미국이나 거의 같은 패턴을 보이는데, 새신자들이 교회에 등록하기까지 여러 가지 과정을 거친다. 대개의 경우, 등록하기 전에 많은 교회를 거치게 된다. 어떤 교회는 지나치게 사랑을 표현하고 귀찮을 정도의 관심을 보여 겨우 피해 나온다. 반대로 어떤 교회는 전혀 무관심하다. 자신이 처음 나온 신자라는 것을 그 교회에서 알아주기 원하지만, 그렇지 않아서 못내 아쉬워한다. 그래서 무관심한 교회에는 가지 않게 된다. 결국 무관심과 강요는 새신자 정착에 역효과를 가져오지만, 적극적인 관심 표현은 효과적이다.

나. 인상과 말하는 것에 〔부담〕이 없도록 하라.

이런 매력은 새신자가 교육받고 싶은 기분을 갖게 한다. 인사를 하는 것도, 만나서 대화를 하는 것도, 특히 교육을 하는 시간에는 그들의 관심을 끌어야 한다. 새신자반 혹은 새가족반, 학습반, 세례반 등의 모든 인도자(교사)들은 처음 교회에 나오는 사람들을 끄는 영적 매력이 있어야 한다. 예의의 매력, 표정의 매력, 말의 매력, 예배나 강의를 진행하는 매력이 있어야 한다. 예배나 강의 전체에서 새신자와의 전인격적인 관계가 형성되어야 한다.

다. 체계적이고 지속적인 〔연결고리〕를 맺어주라.

어떤 새신자는 처음 새가족반 공부를 하는 중에는 교회 출석을 잘하다가 두 달 후에는 결석을 한 번씩 한다. 심방 가서 물어보면, "아는 사람도 없고 해서, 나가기가 힘들다"고 한다. 아는 사람이 몇 명이냐고 물으니, "전도한 사람, 새신자반 교역자, 양육 요원 정도"라고 말한다. 아직도 구역장이나 기관장과도 연결이 안 되어 있다는 뜻이다.

새신자가 정착을 하기 위해서는 최소한 6명 이상의 아는 사람과의 교제를 가져야 한다. 교회는 교회대로 지속적인 후속 프로그램과 교육을 마련해야 한다. 만약 후속 프로그램이 있었다면, 그 새신자는 계속적으로 체계적인 교육을 받을 수 있었을 것이고, 교제의 폭이 더 늘어났을 것이다.

청지기는 후속 프로그램이나 교회 행사에 적극적으로 참여할 수 있도록 도와주어야 하며, 새신자들에게는 친구가 되어주고, 모범이 되고, 순례의 길에 동반자가 되어야 한다.

새신자 이해 및 양육을 위한 십계명

1. 새신자를 환영하고, 그들의 친구가 되라.

2. 새신자를 파악하고, 그들의 입장을 이해하라.

3. 새신자에게 자리나 주차공간 등을 양보하라.

4. 새신자에게 따뜻한 사랑과 편안함, 포근함을 제공하여 '내 교회' 라는 소속
   감이 생기도록 도우라.

5. 새신자와의 약속을 철저히 지키라.

6. 새신자 접대와 양육은 성의있는 태도로 하라.

7. 양육할 때 새신자에게 무거운 짐이나 부담을 주지 말라.

8. 그리스도 안에서 성장하는 모습과 생활의 본을 보이라.

9. 새신자를 사랑하고, 보호하고, 양육하는 보모/양육자가 되라.

10. 새신자부 운영에 적극 참여하라.

1. 당신은 교회의 청지기로서 교회에 새로 나오는 새신자들을 잘 파악하고 있는가? (%)

	20	40	60	80	100
가. 교회학교의 새신자들	20	40	60	80	100
나. 청소년부의 새신자들	20	40	60	80	100
다. 청년부의 새신자들	20	40	60	80	100
라. 장년부의 새신자들	20	40	60	80	100

2. 당신은 새신자들에 대해 특별한 관심을 갖고 있는가?

가. 새신자들에게 가장 먼저 인사한다.

	20	40	60	80	100

나. 매주일 새신자들을 확인해서 관심을 표한다.

	20	40	60	80	100

다. 새신자들을 집에 초대한다.　20　40　60　80　100

라. 친교시간에 새신자들과 자리를 함께한다.

	20	40	60	80	100

3. 당신은 새신자를 양육하는 일에 참여하고 있는가?

	20	40	60	80	100
가. 새신자 환영	20	40	60	80	100
나. 새신자 접대	20	40	60	80	100
다. 새신자부 사역 담당	20	40	60	80	100
라. 새신자 모임에 적극 참여	20	40	60	80	100
마. 새신자 초대(가정으로 초대)	20	40	60	80	100

4. 자신과 새신자와의 관계를 체크해 보라.

가. 본인이 양육한 신자는 몇 명이나 되는가?

나. 본인은 영적인 자녀를 길렀는가, 또는 계속해서 기르고 있는가?

다. 본인이 전도한 사람은 어디까지 양육의 책임이 있는가?

ex. 천로역정(지상에서 천국까지), 출애굽 과정(애굽에서 가나안까지)

라. 본인은 새신자에게 어떤 사람인가?

① 신앙의 친구/동지	20	40	60	80	100
② 신앙의 모범자	20	40	60	80	100
③ 신앙의 동반자	20	40	60	80	100
④ 신앙의 순례자	20	40	60	80	100

교회사 이해

- 고대교회 시대
- 중세교회 시대
- 종교개혁 시대
- 근세의 기독교
- 한국의 기독교

교회사 이해

훈련목표

교회사를 모르면 현재의 기독교 세계를 이해할 수 없다. 본과에서는 청지기들이 쉽게 이해할 수 있도록 교회사를 간단하게 간추려 설명한다. 본과를 통해 교회의 맥을 이해할 수 있게 되기 바란다.

교회 역사를 모르면 현재의 기독교 세계를 이해할 수 없다. 이 과에서는 청지기들이 이해할 수 있도록 교회사를 간단하게 간추려 설명하고자 한다. 교회사(敎會史)는 사도시대 이후를 일반적으로 크게 구분하여 네 기간으로 나누는데, 다음과 같다.

(1) 고대교회 시대(초대교회-590) - 교리논쟁과 종교회의, 박해, 순교, 교부들, 동서교회의 신학자들, 로마제국과 기독교 국교화, 수도원 제도, 어거스틴

(2) 중세교회 시대(591-1517) - 교황권의 발전과 쇠퇴, 중세교회, 신성로마제국, 정교회와 서방교회의 분리, 중세교회의 부패

(3) 종교개혁 시대(1518-1648) - 종교개혁과 종교개혁자들, 신교운동과 국가교회의 탄생

(4) 근세교회 시대(1649-현재) - 신교의 발전, 주일학교운동, 정종(政宗)분리, 세계선교운동, 대부흥운동, 현재

고대교회 시대(초대교회-590)

교회의 역사는 교회의 머리가 되시는 예수 그리스도로부터 시작된다. 예수께서 세상에 계실 때부터 주후 100년까지를 사도 시대라 부르고, 100년부터 325년까지를 순교자 시대, 325년부터 590년까지를 교회성장의 시대라고 구분한다. 예수께서 승천하신 후에, 약속하신 성령강림을 기다리던 사도들과 성도들에게 임하신 성령께서 저들로 초대교회의 역사를 이루게 하셨다. 그러므로 교회의 시작을 성령강림절로 보는 것이 당연하다. 그 후에는 사도행전에 나타나는 초대교회의 사건들의 연속이 있었고, 이것이 곧바로 로마제국의 박해와 더불어 세계 속의 교회로 발전하게 되었다.

1. 교리논쟁과 종교회의

가. 중요 [이단 사설]들

주로 2세기에서 6세기에 여러 가지 이단 사설이 교계를 혼란하게 만들었으며, 이 이단 교리를 정화하고 정립하기 위하여 수많은 종교회의가 개최되었다. 그 이단 교리들은 공통적으로 예수님의 신성과 인성 하나에 도전하거나 부인하여 삼위일체설을 부인하였다. 참고로 중요한 이단 교리의 이름을 영문으로 기록하면 다음과 같다.

- 노스틱파 / 그노시스파(Gnosticism) · 마니교(Manichaeism)
- 몬타니즘(Montanism) · 아리우스파(Arianism)
- 단성론(Monophysites) · 유티키아니즘(Eutychianism)

나. 가장 중요한 [종교회의]들

기독교 역사를 볼 때 중요한 종교회의가 여러 번 있었으며, 주로 그 당시의 이단 사설에 대한 토론을 많이 하였다.

· 니케아회의(325) - 아리우스 이단을 징계하고, 삼위일체설을 받아들이다.

· 콘스탄티노플(381) - 아폴리나리이즘을 해결하다.

· 에베소(431) - 네스토리아니즘을 해결하다.

· 칼케톤(451) - 유티키아니즘을 해결하다.

· 콘스탄티노플(553) - 단성론을 해결하다.

· 니케아(787) - 형상숭배를 인가하다.

· 콘스탄티노플회의(869) - 동방교회와 서방교회의 마지막 대립

· 로마(1123) - 교황이 주교를 임명하도록 결정하다.

· 리용(1245) - 교황과 황제의 분쟁을 해결하다.

· 트랜트(1545-63) - 종교개혁에 대해 대처하다.

· 바티칸 1차 회의(1869-70) - 교황의 무오설을 선언하다.

· 바티칸 2차 회의(1962) - 기독교를 하나로 만들려고 노력하다. 가장 규모가 큰 회의였다.

대부분의 종교회의는 이단에 대한 규명, 교회와 황제와의 대립관계에서 교권확립에 대한 문제들을 해결하기 위해서 모였다.

다. 기독교와 [박해]

기독교는 박해를 통하여 성장해왔다.

(1) 네로의 박해(주후 64년) - 로마의 대화재를 계기로 기독교인들을 박해함. 전설에 의하면 바울과 베드로가 네로의 박해 때 순교하였다고 한다. 베드로전서와 디모데전서는 죽음을 앞에 놓고 기록한 것임을 알 수 있다.

(2) 도미시안 박해(주후 96년) - 그 기간은 짧았지만 지독한 박해였다.

이 때에 사도 요한이 밧모섬에 추방을 당하였다. 그 후에 트라얀 황제, 하드리안 황제(98-138), 안토니우스 피우스(136-161), 셉티미우스 세베루스(193-211), 목시민(235-305), 발레리안(253-260) 등 많은 황제들의 박해가 계속되었다.

(3) 디오클레시안 박해(284-305) - 황제들의 마지막 박해로서 가장 심하고 전국적인 것이었다. 10년 동안 신자들을 동굴에서 찾아내어 화형하는 등 기독교를 말살하려는 박해였다.

· 로마의 지하동굴 - 폭 2.4미터 높이 1.2-1.8미터, 길이 수백킬로미터되는 로마시 지하동굴로서, 그리스도인들이 황제의 핍박을 피하여 피난처와 예배장소로 사용하였다. 티베리우스와 콘스탄틴 시대에 속하는 비밀문서 4,000여 개 이상이 동굴에서 발견되었다.

2. 교부들

초대교회에는 유명한 교부들이 많이 있었다.

· 폴리캅(69-156) - 사도 요한의 제자

· 이그나시우스(67-110) - 요한의 제자, 안디옥교회 감독

· 파피아스(70-155) - 사도 요한의 제자, 히에라폴리스의 감독

· 저스틴 마티(100-167) - 순교자

· 이레니우스(130-200) - 폴리캅의 제자, 리용교회 감독, 이단인 그노시스파 배척에 선구자

3. 동서교회의 인물들 - 교회사에서 꼭 알아야 할 중요한 신학자들

가. 〔동방〕교회

(1) 클레멘트(알렉산드리아: 150-215) - 그노시스파에 대항한 신학자
로 오리겐에게 영향을 주었다.

(2) 오리겐(185-254) - 고대교회에서 가장 학식이 많았던 사람으로 그
의 저서에는 신약의 3분의 2가 인용된다.

(3) 유세비우스(260-340) - 학식과 신앙을 겸비한 교회 역사가로 유명
하다.

(4) 아다나시우스(296-373) - 감독의 직책을 수행했고, 나케아 회의의
중심인물이었다.

(5) 크리소스톰(346-407) - 문학, 법률학, 신학을 많이 연구한 대설교
가로서 왕후의 죄악을 공격하다가 모함으로 추방을 당했다.

나. 〔서방〕교회

(1) 터툴리안(190-265) - 라틴 기독교의 아버지로 불리며, 로마의 법
률가로서 아프리카 카테지의 감독이었다.

(2) 싸이프리안(258년 순교함) - 아프리카 카테지교회의 감독이었다.

(3) 암부로시우스(340-397) - 진리 수호를 위해 황제의 명령도 불복한
대담한 감독이었다.

(4) 제롬(342-420) - 로마에 가서 고문학을 연구하고 수도원을 설립했
음. 성경을 번역한 대성경학자로 알려짐. 라틴어성경과 볼가타성경
을 번역했다.

(5) 어거스틴(354-430) - 북아프리카 히포교회의 감독이었고, 중세교
회 교리형성에 가장 큰 공헌자이며, 초대교회의 가장 유명한 신학
자였다.

4. 로마제국과 기독교

가. 로마제국

기독교와 세계와의 만남은 당연히 [로마제국]에서 시작되었다고 보아야 한다. 로마는 주전 753년에 건설되어 주전 343년부터 272년에 이탈리아를, 주전 264년부터 146년에 칼타고를, 주전 215년부터 146년까지 헬라와 소아시아를, 주전 133년부터 131년에 스페인을 정복하였다.

로마의 [전성기] 때는 그 세력이 아프리카 사막까지 뻗었고, 그 인구는 1억 2천만이었다. 유명한 황제는 쥴리어스 시저, 아우구스투스, 리베리우스, 네로, 도미시안 등이다.

로마제국의 [쇠퇴]와 [멸망]은 주후 180년에서 476년 사이였다. 로마제국은 주후 395년에 동로마와 서로마로 분열되어, 서로마가 먼저 게르만족 등에게 멸망당하였고, 그 후 1453년에 동로마도 멸망을 당했다. 서로마제국의 멸망 후 로마교황이 생겨서 약 100년 간 더 세계를 지배했다.

나. 로마제국의 기독교화

콘스탄틴 대제가 주후 313년에 [종교 자유]의 칙령을 내렸다. 그리스도인에게 높은 지위를 주고, 목사들에게 세금과 병역면제를 해주며, 교회 건물의 건축을 협조하고, 궁중의 종교를 기독교로 정하며, 기독교를 믿도록 백성을 권고하였고(325), 귀족들이 이단종교를 고집하자 의회를 비잔틴으로 옮겨 여기를 콘스탄티노플, 즉 새로마(신성로마제국)라고 하여새 기독교 제국의 수도로 정했다.

주일은 그리스도인들의 집회일로 정하고 일상 업무를 금지시켰다. 노예 제도, 십자가 형벌 등은 로마제국의 기독교화로 폐지되었다.

그 후 테오도시우스 황제 때(주후 378-398년) 기독교를 로마제국의 국교로 정하고 강제로 그리스도인이 되게 함으로써, 기독교가 타락하기 시작하였다. 로마 왕의 군사적인 정신이 교회 내에 그 세력을 나타내기 시작하였다. 로마제국이 그들의 사상과 정치세력을 병합하여 교회를 이용하였다. 그리하여 교회는 그 순수한 성격을 잃고, 큰 배교에 빠지게 되었다. 로마제국의 정치적인 조직을 가지고 교회가 1,000년 통치를 하는 동안에 추행이 시작되었다.

5. 수도원 제도

기독교가 로마제국의 국교가 되어 교회에 재산과 권세가 모이게 되자, 이에 대한 반작용으로 세례 요한의 생활과 예수 그리스도의 생활로 돌아가자는 운동이 일어나게 되었는데, 이집트의 부호인 안토니(250-350년)가 시작하여 많은 사람들이 그를 본받아 이 운동이 팔레스타인, 시리아, 소아시아로 번져, 마침내 전 기독교회로 퍼져나갔다. 그러나 초기의 수도원운동 — 경건생활 및 수도생활, 금식 및 기도생활, 학문 탐구, 성경번역과 기록 등 — 과는 달리 점차 부도덕한 일들이 일어났으며, 종교개혁 이후에 신교국가에서는 수도원이 사라지고, 카톨릭 국가에만 주로 남게 되었다.

6. 어거스틴

가장 위대한 교부 중 한 사람으로 354년 북아프리카의 타가스테읍에서 출생하였고, 18세 때 타락하여 불륜의 관계로 아이까지 낳았다. 영혼의 만족을 얻기 위하여 철학을 탐구하다 마니교에 들어가 9년간 도를 닦았으나, 허무함을 느껴 로마로 갔다가 암부로스 감독의 설교를 듣고, 그 마음이 열리기 시작했다. 13년 간 살아온 여자와 모든 관계를 끊고 새출발하였다. 특히 그 어머니 모니카의 눈물어린 기도가 13년 동안 그 뒤에 있었는데, 어거스틴은 어느 날 로마서 13:13-14을 읽다가 하나님 앞에 회개하고 돌아오게 되었다. 391년에는 히포의 신부가 되었다가 395년에는 감독으로 승진하여 35년간 봉사했다. 그는 특히 성경의 정경을 결정하는 데 많은 영향을 주었으며, 그의 위대한 저술들은 유명하다. 특히 위대한 신학자로서, 신앙의 옹호자로서 이단을 물리치는 데 앞장섰다. 그의 유명한 저술로는 「참회록」(*Confession*)과 「신국론」(*City of God*) 이 있다.

중세교회 시대(591-1517)

1. 교황권의 발전과 쇠퇴

가. 교회 정치의 본래 형태

사도시대가 끝날 무렵, 교회는 독자적으로 목사회로 운영되었다. 그 지도자는 감독이라고 불리었으며, 모든 사람들은 장로라고 불리었다.

나. 최초의 교황

교황이라는 말은 아버지라는 말이며, 카톨릭의 주장에 의하면, 베드로가 최초의 교황이었다. 그러나 베드로가 로마의 감독을 지냈다는 것은 신약에도 없고, 역사적으로도 증거가 없다.

다. 교황권의 발달과 쇠퇴

로마 감독들이 포악한 정책을 시작하여 그 세력을 뻗어나갔으며, 나중에는 교회와 나라를 통합하여 버렸다. 교황은 세상의 왕이 되었다. 그 후 기독교 세계가 크게 동서로 분열되어 교황 시대의 암흑기를 가져왔으며, 교권이 타락되고, 교황권이 쇠퇴되기 시작하였다.

2. 중세교회의 양상

가. 그레고리 1세

그레고리 1세가 590년에 로마에 있는 교황 자리에 앉은 것은 교회사에 있어 한 전환점을 이룬다. 중세사의 시작은 그레고리 1세부터라고 할 수 있다. 그레고리는 최후의 교부요 로마감독이었으며, 중세 최초의 신학자요, 교황이었다. 카톨릭 교회의 대부분의 중요한 원칙들은 그레고리 1세 때부터 시작되었다. 그는 교황의 호칭 채용, 성경 주해, 교회 규칙 쇄신, 교직자 결혼 금지, 정통신앙 확립, 교회의 전형적인 예배 순서 제정, 교회음악 등을 발전시켰다. 베드로전서 3:19에 근거하여 연옥설을 주장하여 가르치기도 했다.

나. 교황권과 샬레망(Charlemagne)대제

샬레망이 왕권을 계승받은 것은 26세 때로서 그의 아버지 피핀이 죽은 직후였으며, 그 후에 죽은 동생의 영토까지 확장하여 그 권력을 장악했다. 샬레망 대제의 승인으로 교황국가에 대한 현세적 권한을 회복한 레오 3세는 샬레망 대제에게 로마황제의 칭호를 주었고(800년), 로마와 프랑크(현재의 프랑스 지역) 영토를 합쳐서 【신성로마제국】이라 부르게 되었다. 그가 죽은 후에(843) 그의 영토는 곧 분열되어 오늘날의 독일, 프랑스, 이탈리아가 되었다.

3. 신성로마제국

모하메트 군대를 물리치고 유럽을 구출한 찰스 마텔의 손자 프랑크 왕국의 샬레망 대제(795-816)와 교황 레오 3세가 세운 기독교국가이다. '교황' 대신에 독일 왕위에 앉은 서로마제국의 재건이라고 볼 수 있고, 또 어거스틴의 '하나님의 도성'이 이루어진 것으로 생각되기도 했다. 정치적인 문제는 〔독일 황제〕가 통치하고, 영적인 문제는 〔교황〕이 지배하는 공동체라고 볼 수 있다. 나중에 교황과 황제 사이에 권력장악을 위한 투쟁이 일어났다.

4. 희랍교회(정교회)와 로마교회(서방교회)의 분리

이 두 파는 다 교부시대로부터 계승되었다고 주장한다. 이 두 파는 주요 교리도 같고, 경전도 같으며, 예배형식도 같았다. 그러나 각기 서로가 정통파라고 주장해왔다. 희랍교회는 그들의 신조를 자랑하였고, 로마교회는 교권을 자랑하였다. 여러 가지 다른 주장이 있었으나, 실제로 두 교회 사이를 갈라놓은 것은 교회 안의 화상문제였다. 7세기까지는 동·서 교회를 막론하고 회당 안에 그리스도, 사도, 성자들 및 순교자들의 초상이나 화상을 많이 걸어 놓았다. 그러나 모자이크하는 것만 용인했고, 예배의 대상이 될 만한 초상이나 조각상은 모두 없애버렸다. 그러나 로마교회는 그런 것들을 제한하지 않았다. 그리하여 동서교회는 1054년에 크게 분열하게 되었다. 동방교회 총주교가 로마사절이 되었는데, 추기관 험버트가 작성한 논쟁문을 불태워 버렸으며, 교황이 보낸 로마사절들이 성 소피아교회의 제단에 파문장을 놓고서 발에 먼지까지 떨어버리고 갔다. 이 사건에 대한 보복으로 총주교는 로마 교황을 파문하였다. 1054년 7월 16일에 동·서방교회가 서로 파문장을 발송함으로써 완전히 분열하게 되었다. 그리하여 그것이 오늘날의 〔희랍 정통〕교회와 로마 〔카톨릭〕교회로 갈라지게 된 것이다.

5. 중세교회의 부패와 개혁 의지

가. 교황권의 타락과 개혁의 불길

교황권의 타락으로 부패일로를 걷는 교회에 개혁의 불길이 일어났는데, 교회 정화를 시도했던 카타리(Cathari), 방랑자가 되어 복음전도하던 왈덴세스(Waldenses), 단순한 신앙과 형제사랑으로 전도하는 프랜시스 형제단(Franciscan)이 있었다. 보니파키우스 8세(Bonifacius VIII) 교황이 프랑스 왕에게 잡혀가서 교황이 3명이 되는 교황의 난립과 교황권을 둘러싼 부패로 유럽에서의 교황의 권위가 실추되기 시작했고, 영국의 위클리프, 보헤미아의 존 후스 등의 개혁에 왕과 지성인들이 지지했으며, 당시의 르네상스 운동은 이런 부패한 기성질서를 무너뜨리는 데 힘을 합했다. 마틴 루터 때의 교황 레오 10세는 교회 직분을 돈 버는 데 이용하고, 교회 이름을 팔았다. 또한 모든 사람이 구원받기 위해서는 로마 교황에 복종해야 한다고 선언했으며, 〔면죄부〕를 팔았다.

나. 요한 위클리프(1324-1384)

영국 옥스퍼드 대학 교수로서 교황의 권위를 거부하고, 일반 신자도 성경을 읽을 수 있음을 강조하고 성경을 영어로 번역하였다.

다. 존 후스(1369-1436)

위클리프의 제자로 대학 학장이었으며, 〔면죄부〕 판매를 비난했다.

라. 에라스무스(1466-1536)

종교개혁 때의 위대한 학자로, 카톨릭 교회를 냉정하게 비판했다.

종교개혁 시대(1518-1648)

1. 종교개혁의 공로자들

가. 마틴 루터(1483-1546)

마틴 루터는 수도원에 들어가서 수양을 쌓았다. 1508년 어느 날 로마서에서 "의인은 믿음으로 말미암아 살리라"는 말씀을 읽고 그의 영의 눈을 뜨고, 카톨릭의 모순을 보기 시작하였다. 면죄부 판매를 비판함으로 루터는 로마 교황과 관계를 끊었다.

· 〔연옥설〕 강조를 반대 – 카톨릭은 연옥(영혼 대기실)에 가있는 영혼들의 고통을 덜어주거나 면제하여 줄 수 있는 권한이 교황에게 있으며, 이 면죄부를 사면 그 혜택을 받을 수 있다고 주장했는데, 루터는 연옥설을 반대했다.

· 95개 조항 – 1517년 10월 31일 루터는 비텐베르그의 교회문에 95개 조항의 카톨릭 교회에 대한 항의문을 붙이고 정면도전했다. 그로 인하여 1520년에 루터는 파문을 당했다.

나. 쯔빙글리(1484-1531)

취리히에서 루터의 가르침을 받아 카톨릭의 그릇된 교리를 배척하고 성경만을 유일한 권위로 세우는 새로운 신앙운동을 전개했다.

다. 존 칼빈(1500-1564)

프랑스에서도 종교개혁을 받아들여 존 칼빈의 지도하에 새로운 종교운동이 일어났다. 그 후 칼빈은 프랑스에서 추방당하여 제네바로 가서 학원을 세웠으며, 그곳이 신교운동의 중심이 되었고, 많은 학자들을 그곳으로 모으게 되었다. 칼빈의 신학사상은 후에 장로교회와 개혁교회의 교리로 발전하였다.

2. 신교운동(Protestantism)과 [국가교회]의 탄생

마틴 루터의 종교개혁을 시발점으로 프로테스탄트 운동은 로마 카톨릭의 권위로부터 자유를 얻어, 양심의 명령에 따라, 말씀을 중심으로, 하나님께 올바른 예배를 드리려는 운동으로 지난 400년 간 크게 발전하였다. "믿음으로 의롭게 된다(구원을 얻는다)"는 복음에 근거를 둔 이 신교운동이 나중에는 여러 가지 형태의 종파로 갈라지게 되었다. 결과적으로 프로테스탄트가 승리한 국가에서는 국가교회가 등장하기 시작하였다. 즉 독일의 루터교회, 영국의 성공회, 스코틀랜드의 장로교회 등이다. 예배는 로마 카톨릭교회에서 일률적으로 [라틴어]만을 사용했던 것에 반대하여 각기 자기 나라의 언어를 사용하였다.

근세의 기독교(1649-현재)

1. 영국의 복음주의운동과 존 웨슬리(1703-1791)의 감리교

종교개혁의 물결이 영국에도 여러 가지 영향을 미쳤는데, 영국의 복음

주의 부흥운동이 그것이다. 영국에서는 영국 국교회인 성공회(Anglican Church)에 대한 반대운동으로 비국교도들이 생기게 되었다. 대학에서 성화운동을 주도했던 옥스포드 출신의 존 웨슬리는 동생 찰스 웨슬리와 더불어 영국 곳곳을 다니며 열성적인 전도와 강력한 설교를 통해서 성결운동을 전개하고, 사회를 변화시킨 부흥운동의 물결을 일으켰다. 이것은 영국 국교회에 대한 도전이라기보다는 개혁운동인 것이다. 종교개혁운동으로 루터교, 장로교, 회중교회 등이 설립된 것같이 웨슬리도 감리교회의 창시자가 되었고, 이런 부흥운동의 물결이 한국에서는 〔감리〕교회와 〔성결〕교회의 교리로 발전하게 되었다.

2. 미국의 신교운동

1678년에 영국의 〔청교도〕가 버지니아주로, 1715년에 네덜란드 〔개혁파〕가 뉴욕으로, 1620년에는 청교도가 매사추세츠주로, 1634년에는 모든 종교의 자유를 허락하는 〔카톨릭〕이 볼티모어로, 1639년에는 〔침례교〕가 로드아일랜드로, 그리고 1681년에는 〔퀘이커교〕가 펜실베니아주로 종교의 자유를 찾아 미국으로 이민을 왔다. 미국은 종교적 자유의 원칙과 교회와 국가의 분리의 원칙(정종분리원칙)을 기본으로 형성되었다.

3. 주일학교운동

영국에서 신문사를 운영하던 로버트 레이크가 가난하여 학교에 가지 못하는 아이들에게 초보교육과 기독교를 가르치려고 창설한 것이 주일학교(1780년)운동의 시작이고, 후에는 윌리엄 폭스와 윌리엄 거니에게 이어져서 영국에서 활발하게 전개되었다. 미국에서는 1785년에 윌리엄 엘리오트에 의해 주일학교(1785년)가 시작되어 세계적인 운동으로 확산되고 많은 결실을 이루었다. 주일학교운동의 특징은 평신도에 의해서 시작되고, 평신도들이 교회와 사회에서 교육과 봉사를 직접 담당하는 활동이 활발해지기 시작했다는 점이다.

4. 세계선교운동

예수님께서 명령하신 선교에 대한 우리의 사명이(행 1:8) 그대로 실천되어 나간 사실이 근세에 이르러서 이루어지는 것을 볼 수 있다. 예루살렘에서 시작하여 유대땅을 거쳐, 사마리아와 땅끝까지 복음이 전파되어 가고 있음을 볼 수 있다. 케리, 모리슨, 저드슨, 모펫 등의 선교의 선구자들이 이룩한 희생적인 선교활동으로 신교가 온 세계에 전파되고 있다. 이 복음이 온 세상에 모두 전파되면 주께서 재림하시게 된다.

가. 윌리엄 케리(1761-1834)

영국 태생으로 선교의 아버지라고 불리어진다. 특히 그는 설교로 큰 감화를 주었으며, 헌신적이고 봉사적인 정신으로 활동을 하였다. 인도선교에 주력하였으며, 학교를 세우고 후진을 양성하였으며, 인도에서 세상을 떠났다.

나. 로버트 모리슨(1782-1834)

영국 출신으로 중국 최초의 선교사이다. 그는 당시 많은 사람들을 믿게 하지는 못했지만 그가 심은 복음의 씨가 훗날 많은 열매를 맺게 되었다.

다. 데이비드 리빙스톤(1813-1873)

감화를 가장 많이 끼친 선교사 중 한 사람으로, 그는 스코틀랜드에서 출생했고, 아프리카에서 30년 간을 선교하였으며, 갖은 고난과 병고를 치르면서도 굳은 신념과 믿음으로 죽기까지 선교의 임무를 완수하여 아프리카를 복음으로 밝힌 영국의 유명한 선교사요 탐험가이다.

5. 대부흥운동

복음을 전함에 있어서 하나님께서 세계적으로 유명한 부흥사들을 세우시고 전도집회를 통하여 복음을 전하게 하셨다.

가. 조나단 에드워드(1703-1758)

대부흥운동의 지도자로 그는 미국 회중교회의 신학자였다. 조나단은 상당히 조숙하여 6세에 라틴어를 시작하였고, 17세에 대학을 졸업하였다. 19세에 목회를 시작하여 1734년부터 부흥사로서 활약하였는데 그의 설교는 많은 사람을 구원의 길로 인도하였다.

나. 드와이트 무디(1837-1899)

19세기의 부흥사로서 그는 많은 사업을 하였는데, 그의 생애는 다른 사람에게 깊은 감화를 주었다. 그는 교육을 제대로 받지 못하였으나, 사명에 최선을 다했다. 그는 유명한 주일학교 지도자이며, 위대한 설교가이며, 예배당 건축가로도 유명하다. 그의 설교는 감화력이 있어 어떤 사람도 그의 설교를 들으면 감화와 감동을 받아 죄를 회개하고 예수를 믿어 구원받는 놀라운 역사가 많이 일어났다.

다. 그 외의 부흥사들

그 외에 찰스 피니, 빌리 선데이, 현재의 빌리 그래함 등이 세계적인 부흥운동을 이어오고 있으며, 하나님께서 계속적으로 각 시대에 필요한 훌륭한 부흥사들을 끊이지 않게 보내주신다.

한국의 기독교

1. 천주교

1777년에 권찰신, 이 벽, 정약용 등이 북경으로부터 천주실의(天主實義)와 성경을 도입하여 읽음으로써 시작되었다. 1783년 북경에 간 이승훈은 우리 나라 사람으로는 처음으로 세례를 받았다. 1801년에는 청나라 신부 주문모가 한국에 처음 들어와 강완숙의 집에 5년 간 있으면서 교리를 가르치기 시작했다. 1846년 한국 최초의 신부 김대건이 마카오에서 서울에 돌아와 포교를 하다가 25세에 체포되어 순교를 당했다. 1886년(고종 23년)에 천주교가 인정을 받아 정식적인 포교활동을 전개하기 시작했으며, 일제식민시대와 한국동란을 거치며 핍박과 고난을 겪으면서도 성장해왔고, 최근의 한국사에서 천주교회는 한국 사회에 많은 영향력을 행사해오고 있다.

2. 신교

1832년에 화란선교사 그쯜라프가 한인선교를 위하여 40일 동안 충청도 홍천 고금도와 금강 입구에 상륙하여 전도한 일이 있다. 그 후에 1865

년 스코틀랜드 선교사 토마스가 선교하기 위하여 한국에 왔다가 대동강에서 성경을 뿌리고 순교하였으며, 1872년 스코틀랜드 선교사 존 로스와 존 메킨타이어가 만주로 이주하여 오는 한국인들에게 복음을 전했다. 본격적인 한국 선교는 1882년 한미조약이 체결됨으로써 시작되었다. 1885년 4월 6일 최초의 장로교 선교사 언더우드와 최초의 감리교 미국 선교사 아펜젤러 두 사람이 같은 배로 인천에 상륙하여 본격적인 선교활동이 시작되었다. 후에 알렌 부부는 최초의 주한 미국공사로서 의료선교를 담당하였고, 게일, 에비슨 박사는 서울을 중심으로 의료, 전도, 교육사업을 시작하였다. 1893년 마포삼열, 배위량 두 박사는 평양을 중심으로 '전도학교(Mission school)'를 세우게 되었다. 그 후 한국교회는 일제의 지배 아래 천주교보다 더 적극적으로 독립운동이나 계몽운동, 교육활동, 의료활동을 하여 한국사회를 이끌어가는 주도적 역할을 담당하고, 국가적인 많은 지도자들을 배출했으며, 아울러 각 교파별로 전도에 힘을 기울여 오늘의 세계를 향한 선교국가로서의 밑거름이 되었다.

교회사 이해를 위한 십계명

1. 역사에서 교훈을 발견하라.
2. 하나님의 섭리를 이해하라.
3. 인간의 순종과 불순종을 배우라.
4. 역사의 오류를 찾으라.
5. 역사적 사건보다는 그 배경을 이해하라.
6. 나에게 본이 되는 역사적 인물은 누구이며, 무엇을 배워야 하는가를 찾으라.
7. 종교개혁의 정신을 계승하라.
8. 부흥운동의 정신을 계승하라.
9. 새로운 역사를 위해서 기도하라.
10. 교회 역사에서 내가 활용할 교훈이 없다면 나와는 상관없음을 명심하라.

1. 로마 황제들 중에서 기독교를 박해하지 않은 사람은?

　가. 네로　나. 도미시안　다. 디오클레시안　라. 콘스탄틴

2. 다음의 로마 황제들 중 기독교를 국교화한 황제는?

　가. 네로　나. 도미시안　다. 콘스탄틴　　마. 테오도시우스

3. 다음 사항들 중에서 종교개혁의 이유가 아닌 것은?

　가. 천주교의 면죄부 판매　　　　　나. 교회의 국가권력 장악 및 통치

　다. 교회권위가 성서권위보다 우위　라. 믿음으로만 구원받는 도리

4. 교회분열의 순서를 정하시오.

　가. 서방교회 (　　　)　　　나. 동방교회 (　　　　)

　다. 개신교회 (　　　)　　　라. 초대교회 (　　　　)

5. 다음 중에서 종교개혁시대의 인물이 아닌 사람은?

　가. 칼빈　나. 쯔빙글리　다. 루터　라. 웨슬리

6. 종교개혁자들과 각 종파/교단을 연결하시오.

　가. 존 칼빈 ·　　　　　　　　　· 루터교회

　나. 존 웨슬리 ·　　　　　　　　· 장로교회/개혁교회

　다. 마틴 루터 ·　　　　　　　　· 감리교회 / 성결교회

7. 다음 선교사들의 출신국가와 사역국가를 연결하시오.

선교사	출신국가	사역국가
가. 윌리엄 케리	영국	중국
나. 로버트 모리슨	스코틀랜드	인도
다. 데이비드 리빙스톤	미국	한국
라. 언더우드	영국	아프리카

8. 한국인을 위한 선교사들의 사역 중 맞는 것끼리 연결하시오.

가. 언더우드 · 화란 선교사로 40일 동안 홍천 고금도에서 전도

나. 아펜젤러 · 스코틀랜드 선교사로 대동강에서 순교

다. 알렌 부부 · 미국 선교사로 한국 장로교의 창시자

라. 찰스 그쯜라프 · 미국 선교사로서 일본에서 선교. 성결교를 창시

마. 토마스 · 의사 부부 선교사로서 최초의 주한 미국 공사

바. 존 로스와 메킨타이어 · 미국 선교사로 한국 감리교회의 창시자

사. 길보른 / 카우만 · 스코틀랜드 선교사들로 만주에서 한국인을 전도

이단 종파 연구

· 적그리스도에 대한 경고

· 이단 종파의 창시자 분석

· 이단 종파의 공통적인 특징

· 대표적인 이단 종파의 교리 분석

 이단 종파 연구

훈련목표

우리 주님께서는 말세에 나타날 여러 가지 현상 중에서 특히 거짓 선지자의 출현과 이단 종파의 난무에 대한 경고를 미리 해주셨다. 본과를 통해 청지기는 이단 종파의 정체와 그들이 강조하는 교리가 무엇인가를 분명하게 알 수 있으며, 교인들을 영적으로 바르게 지도할 수 있다.

일반적으로 전통적 기독교의 교리와 다른 것을 가르쳐서 기본 교리를 훼손하면 이단으로 규정하며, 성경에서는 적그리스도 혹은 거짓 선지자라고 부르기도 한다. 또한 교회 이름을 빙자하여 기독교인들과 일반인을 현혹시키는 사이비 집단도 사회에 피해를 입히고 있다. 이단 종파의 피해는 엄청났는데, 최근에 일어났던 사건으로는 미국 텍사스주에 있는 Waco시에서 일어난 집단자살 사건, 피플스 템플의 집단자살 사건, 간음 및 혼음 사건이 있다. 또 계속 사회적인 물의를 일으키고 있는 여호와증인의 헌혈 거부로 인한 자녀들의 죽음, 징집 거부로 인한 징역생활 등도 이단으로 인한 피해사례라 할 수 있다.

적그리스도에 대한 경고

1. 적그리스도의 〔명칭〕

· 불법의 사람: 살후 2:3

· 멸망의 아들: 살후 2:3

· 대적하는 자: 살후 2:4

· 적그리스도: 요일 2:18, 22

· 짐승: 계 11:7

2. 적그리스도의 〔모습〕과 〔활동〕

· 자기 뜻대로 행함: 단 11:36; 계 13:7

· 자신을 높여 하나님을 모독함: 단 11:36; 계 13:6

· 잠시 동안 번영함: 단 11:36; 계 13:5

· 사단의 힘으로 기적을 행함: 살후 2:9

· 사특한 간계를 사용함: 단 11:21; 마 24:24

· 평화의 사자인 체 함: 살후 2:4; 계 6:2

· 주의 성도들을 대적함: 계 13:7

· 시온 산에서 그리스도에게 멸망당함: 단 11:45; 계 19:11

3. 적그리스도에 대한 예수님의 경고: 마 24:4-31

· 거짓 선지자를 〔조심〕하라: 5, 11, 23절 참고

· 〔미혹〕당하지 말라: "많은 사람이 내 이름으로 와서 이르되 나는
그리스도라 하여 많은 사람를 미혹케 하리라"(5절), "거짓 선지자
가 많이 일어나 많은 사람을 미혹하게 하겠으며"(11절), "그 때에

사람이 너희에게 말하되 보라 그리스도가 여기 있다 혹 저기 있다 하여도 믿지 말라 거짓 그리스도들과 거짓 선지자들이 일어나 큰 표적과 기사를 보이어 할 수만 있으면 택하신 자들도 미혹하게 하리라"(23-24절).

4. 이단(적그리스도)의 〔종류〕

가. 신약성경에 나타난 이단과 그에 대한 경고

· 고린도교회에서 일어난 분쟁의 원인: 고전 1:10-31

· 다른 복음을 전파하는 유대주의자들: 갈 1:6-24

· 골로새교회에 나타난 그릇된 교훈: 골 2:8-15

· 금욕주의, 천사숭배 및 환상주의: 골 2:16-23

· 이단의 어리석은 논쟁: 딛 3:9

· 이단 취급에 대한 충고: 딤 3:10-11

· 이단자가 받는 처벌: 유 1:5-7

· 니골라당에 대한 경고: 계 2:6-7

· 사단의 회에 대한 충고: 계 2:8-11

· 사단의 왕좌: 계 2:12-13

· 이세벨의 미혹과 음행: 계 2:20-21

· 자칭 유대인들: 계 3:7-9

나. 현재 활동중인 이단

적그리스도는 상당히 여러 종류가 있고, 그 활동도 매우 활발하다. 그 중에서 한국에서 발생한 한국의 대표적인 이단과 미국의 대표적인 이단을 소개하고자 한다. 이 중에서도 한국교회와 한인사회(해외)에서 가장 활발하게 활동하고 있는 통일교와 여호와의 증인과 몰몬교에 대한 것을 비교하여 자세히 설명한다.

(1) 한국의 이단: 다양한 이단들이 나타났다가 사라졌지만, 통일교, 전도관, 안식교 등은 아직도 활발하게 활동하고 있다.

(2) 미국의 이단: 몰몬교와 여호와의 증인은 한국에서 활발하게 활동하고 있고, 한국에는 별로 알려지지 않은 크리스천사이언스라는 집단은 미국에서 상당히 활발하게 활동하고 있다.

5. 이단 종파(적그리스도)를 판단하는 방법: 다음 경우는 조심하라.

가. 성경보다 그들의 (경전)을 더 강조하고 가르칠 경우.

나. 예수님보다 그들 (교주)를 더 신봉하고 모실 경우.

다. 예수님의 동정녀 탄생과 육신의 부활과 삼위일체를 (부인하고) 가르치는 경우.

라. 그리스도의 보혈의 공로 외에 (다른 것)을 구원의 방법으로 가르치는 경우.

마. 내세와 영생에 대한 것을 (의심)하거나 (부인)하는 내용을 가르치는 경우.

바. 기존 하나님의 교회에는 구원이 (없다)고 가르치는 경우.

사. 예수 재림일자를 (강조)하거나, (신비주의)적인 것을 너무 강조하는 경우.

이단 종파의 창시자 분석

1. 신의 〔계시〕를 받았다는 주장: 대부분이 10대 때에 일종의 신의 계시를 받았다고 주장한다.

- 통일교(문선명) : 16세 때 산에서 기도 중에 예수께서 나타나서 주님이 다 하시지 못한 일을 대신 해달라고 부탁을 하셨다고 주장.
- 전도관(박태선) : 20세 때 신으로부터 성령의 새 피를 받았다고 주장.
- 몰몬교(조셉 스미스) : 15세 때 "이는 내 사랑하는 아들이니 그에게 들으라"는 계시를 받았다고 주장.
- 크리스천사이언스(메리 베이커 에디) : 17세 때 신비적 환상과 계시를 받았다고 주장.
- 여호와의 증인(러셀) : 17세 때 하나님의 신비한 계시를 직접 받았다고 주장.

2. 정신적 혼란기: 그 창시자들은 대부분이 10대 때에 일종의 신앙의 회의, 〔정신적〕 혼란을 체험했다.

- 문선명(통일교) : 고향을 뛰쳐나와 서울에서 고등학교를 다닐 때, 이용도 파를 쫓아다니다가 교회와 신앙에 대한 깊은 혼돈과 회의에 빠져 방황했다.
- 짐 존스(피플스 템플) : 교회 생활에 안정을 얻지 못하고 갈등과 회의 속에서 번민했다.
- 러셀(여호와의 증인) : 예정교리와 하나님의 영원하신 형벌교리에 대한 회의로 크게 번민했다.
- 에디 부인(크리스천사이언스) : 칼빈주의자 아버지와 어렸을 때부

터 교리문제로 다투었으며, 특히 최후의 심판, 영원한 형벌, 하나님
의 진노에 대한 회의, 반발이 컸다.
· 윌리엄 밀러(안식교) : 1816년에 회의주의자가 되어 성경이 하나
님의 계시임을 부인하는 혼동을 가졌다.
· 조셉 스미스(몰몬교) : 기독교 교권과 분열을 보고 기독교에 대한
회의에 싸여 고민했다.

**3. 〔성경연구〕를 통한 교리 발전: 이단 종파 창시자들은 거의 다 개인
적으로 성경을 연구하여 교리를 발전시켰다.**

정식 신학교에서 정규신학을 한 것이 아니고, 어느 특정 개인으로부터
개인 성경공부를 받았거나, 자신이 혼자 성경을 연구풀이하여 자기 나름
대로의 교리를 확립하였다.

**4. 〔신비주의〕 강조: 이단 종파 창시자들은 거의 다 환상과 음성을 듣
고 시작했으며, 신비주의적인 요소를 강조하고 있다. 꿈, 환상, 입신, 초자
연적인 현상, 냄새 등을 강조한다.**

**5. 〔윤리적〕인 문제: 이단 종파의 창시자들은 거의 다 성적 문제에 본
이 되지 못했다.**

· 문선명(통일교) : 이혼(4번 결혼)
· 박태선(전도관) : 형수와 피가름 및 재혼
· 조셉 스미스(몰몬교) : 한 번 이혼, 세 번 결혼
· 짐 존스(피플스 템플) : 이혼 및 불륜 관계로 소란

· 에디 부인(크리스천사이언스) : 세 번 결혼, 이혼
· 러셀(여호와의 증인) : 여자 관계로 이혼당함.

이단 종파(적그리스도)의 공통적인 특징

청지기들은 이단 종파(적그리스도)들이 가지고 있는 공통적인 특징을 미리 잘 알아서 이들 교리에 현혹되는 일이 없어야 한다.

1. 발생모체는 모두 다 (기독교)이다: 그 창시자들은 거의 다 독실한 기독교 신자들이었다.

· 통일교의 문선명 : 평양 광해교회 지도자, 북아현동 오순절교회 신자
· 전도관의 박태선 : 남대문장로교회 청지기, 창동교회 피택장로
· 몰몬교의 조셉 스미스 : 감리교 교인
· 크리스천사이언스의 에디 부인 : 회중교회 교인
· 여호와의 증인 찰스 러셀 : 회중교회 교인
· 피플스 템플의 짐 존스 : 오순절교회 신자
· 안식교의 윌리엄 밀러 : 침례교 신자
이들 외에도 최근에는 재림론이나 치유나 은사를 통한 이단들이 많다.

2. 이단 종파는 거의 다 성경 외에 (독단적)인 교파의 교리를 가르치는 다른 책을 갖고 있다.

· 통일교 : 원리강론

· 몰몬교 : 몰몬경

· 전도관 : 피의 복음(오묘원리)

· 크리스천사이언스 : 과학과 건강

· 여호와의 증인 : 새세계 번역성경

3. 이단 종파들은 거의 다 〔종말론〕에서 출발하며, 또 〔종말론〕을 강조한다.

· 몰몬교: 솔트레이크에 본부를 두고, 예수께서 미국에 재림하신다고 강조한다.

· 안식교: 1843년에 이미 예수께서 재림하셨다고 가르친다.

· 통일교: 자신이 세계를 지배하는 인물이며, 은연중에 자기가 재림 예수라고 가르친다.

· 여호와의 증인: 아마겟돈 전쟁, 천년왕국에 대한 자신들의 교리를 강조하고 있다.

4. 이단 종파에서는 포교 방법으로 〔세뇌공작〕을 사용한다.

· 통일교 : 행상을 강조한다.

· 전도관 : 개인 재산을 처리하여 헌금하고, 행상을 강조한다.

· 몰몬교 : 2년 간 자진 설교를 하며 전도를 하도록 훈련한다.

· 여호와의 증인 : 가정 방문 전도 훈련, 구원자는 나중에 왕이 된다고 가르친다.

· 피플스 템플 : 짐 존스를 참 아버지로 모시도록 가르치고 있다.

5. 이단 종파에서는 그 교주를 완전히 〔신격화〕하여 〔예수님〕보다 더 높게 모시고 있다.

· 통일교 : 문선명을 재림예수로 모시고, 교주와의 영체교환, 즉 피가름을 강조한다.
· 전도관 : 박태선을 동방의 의인, 생명수, 감람나무, 영모로 모시고 안찰을 강조한다.
· 몰몬교 : 교주를 최후의 제사장으로 예우하고, 일부 다처제를 허용한다.
· 안식교 : 교주를 하나님의 대사로 모신다.
· 크리스천사이언스 : 교주를 말세의 종, 신유의 종, 만병통치자로 모신다.
· 여호와의 증인 : 교주를 메시아로 모신다.

6. 이단종파에서는 거의 다 그들의 집단만을 위한 〔현실도피처〕가 있다.

· 통일교 : 통일교회 공중집단
· 전도관 : 신앙촌(소사, 덕소, 장기)
· 몰몬교 : 솔트레이크
· 안식교 : 안식의 회중
· 크리스천사이언스 : 어머니교회
· 피플스 템플 : 가나안 신앙촌(집단 자살 장소)

대표적인 이단 종파의 교리 분석

한국의 교회나 교포들, 한인교회에 영향력을 행사하려고 활발하게 활동하고 있는 다음 몇 가지 대표적인 이단 종파에 대해서 공부하고, 그 외 조그마한 군소 신흥 종파에 대한 것은 생략한다. 각자의 필요에 따라 공부할 것을 권장한다.

1. 여호와의 증인

러셀이 창시하였으며, 그가 17세 되던 해에 지옥이 없다는 결론을 내리고, 18세에 예수 재림에 대한 시간을 계산하여 1847년에 재림한다고 주장했으나, 다시 1914년으로 정정했고, 나중에는 그 재림은 영적재림이므로 이미 오셨으나 볼 수가 없다고 주장했다.

· 1913년에 윤리적인 문제로 그 부인으로부터 이혼소송을 당했다.

· 1879년부터 '시온의 파수대' 라는 교재를 발간하기 시작했다.

· 육체가 죽을 때에 영혼도 동시에 죽어버리게 되는데 이런 운명을 파기하기 위해서는 여호와의 증인의 가르침을 받아들이는 길밖에 없다고 가르친다.

· 아마겟돈 전쟁에서 오직 진실된 여호와의 증인들만 살아남게 되며, 그들은(144,000명) 죽은 후에 즉시 천국에 들어가 예수와 함께 있게 된다고 가르친다. 그 후에 구약시대 때의 위대한 사람들이 부활하고, 그 다음으로 여호와의 증인들, 열심히 전도한 교인들이 부활을 한다고 가르친다.

· 여호와의 이름을 전혀 듣지 못한 사람들을 재창조하며, 복음을 배척한 사람들은 전멸상태로 끝이 난다고 주장한다.

2. 몰몬교

　1823년 9월 21일 밤에 교주 조셉 스미스에게 천사가 나타나서, 금판으로 만든 책이 감추어져 있는 곳으로 인도하여 몰몬경을 발견하였다고 주장한다. 그 후에 기존성경을 개정하여 새로운 계시를 추가하였다.

　예) 이사야 50장에 추가한 내용은 다음과 같다. "내가 축복하는 선지자가 있으니 그 이름은 요셉(자기 자신 이름)이라 불리울 것이며…내 백성들로 하여금 구원에 이르게 할 것이니라."

- 25세 때에, 말일성도 예수 그리스도의 교회를 조직. 그 후 1831년에 일리노이에 와서 자리잡았다.

- 그 후 조셉 스미스는 총에 맞아서 죽었는데, 일부다처주의로 논란이 되었다.

- 그 이후 후계자인 브리감 영이 지도권을 장악하여 1847년에 유타주 솔트레이크에 도착하고, 지금의 몰몬교 본부로 크게 성장했다. 교인 약 250만 명 중 8분의 7이 미국에 살고 있으며, 그들의 대부분이 솔트레이크에 살고 있다.

- 일부다처주의 : 처음 이 교를 창설하였을 때는 '일부일처주의, 첩 제도를 금함'의 엄한 조항이 있었으나, 몇 년 후에 스미스가 특별한 계시를 받아, 일부다처제를 허가하며, 그 자신이 약 50명의 부인을 두었으며, 그 후계자 Young도 27명의 처를 두고 56명의 자녀를 낳았다.

- 그들은 선행을 통한 구원이 가능하며, 죽은 자를 위하여 구원을 위한 세례를 받을 수 있다고 가르친다.

3. 통일교

1930년 신비주의 황국주는 새 피를 받아야 구원을 받는다는 영체교환 교리를 주장했다.

1946년에 문선명은 당시 50세인 정득인이란 여인과 영체교환을 했다고 한다. 1949년 5월 혼음죄로 구속, 1.4후퇴 때에 부산에 와서 포교활동을 했다.

· 결혼관계 : 첫 번째 결혼 – 최신길과 결혼

　　　　　　두 번째 결혼 – 신의 계시에 의해 한길모와 결혼

　　　　　　세 번째 결혼 – 김명희와 결혼(문희성이라는 아들을 낳음)

　　　　　　네 번째 결혼 – 41세 때 18세 되는 모 여고 재학 중이던 한학자와 결혼

통일교는 이 결혼을 '어린 양의 잔치'라고 부르며, 한학자를 우주의 어머니, 참어머니라고 칭한다. 그들에게서 딸(문예진)과 아들(문효진)이 나왔는데, 그들은 죄없는 자녀라고 한다.

· 그들은 지금 미국에 약 3만 명의 교인이 있으며 약 7천 명의 청년요원이 활약하고 있다고 주장한다.

· 재림의 주 교리 : 재림의 주가 1917년 경에 해 돋는 곳, 동방의 나라에서 난다고 가르치며, 은연중에 1920년에 한국에서 출생한 문선명이 바로 재림의 주라고 가르치고 있다. 곧 한국은 제3의 이스라엘 선민이며, 인류의 부모되시는 재림의 주는 한국에 재림하신다고 가르친다.

· 피가름의 교리 : 예수님은 결혼을 하시지 않았으므로, 영적구원만 성공하시고, 육적구원은 실패하셨기 때문에 재림의 주가 되는 분과 피가름을 해야만 육과 영이 함께 구원을 받게 된다고 가르치고 있다. 그렇지 않으면 인간들은 지상 지옥에서 살다가 천상 지옥으로

가서 거기서 영원히 고통을 받게 된다고 가르치고 있다.

· 통일교 신자가 되려면 : 3년 동안 참된 부모, 순수한 통일가정에서 '원리강론'을 배우고 따르면, 영적인 아버지 문선명이 짝을 지어주는 사람과 결혼을 하게 된다. 이것을 참 감람나무에 접붙임을 받는 인간 복귀의 최우선적인 역사가 된다고 가르친다.

· 정치적 · 경제적 배경 : 세계일보, 일화음료 등 대기업을 많이 소유하고 있으며, 리틀 엔젤스, 친선무용단, 국제합창단, 국내 프로축구단(일화축구단) 등을 통한 포교활동에 열심을 내고 있다.

이단에 현혹되지 않도록 청지기들은 조심해야 하며, 교인들을 바로 지도하는 사명을 잘 감당해야 한다.

이단 종파 이해를 위한 십계명

1. 이단의 교리를 정확히 파악하고 대응하라.
2. 이단의 접근 방법(지나친 친절, 물질 공세 등)을 알고 대처하라.
3. 분명한 구원의 확신을 가지라.
4. 이단의 일반적 특성을 이해하여 분별력을 키우라.
5. 거짓 선지자 / 적그리스도를 조심하라: 마 24:5
6. 이단이나 사이비성이 있는 자들과 어울리지 말라.
7. 성경이 틀릴 수도 있다는 자들을 조심하라: 딤후 3:16-17
8. 임의적이고 자의적인 성경 해석을 피하라.
9. 건전한 교회를 비방하고 목회자를 헐뜯으면 조심하라.
10. 신앙의 어려운 문제는 목사님과 의논하라.

기독교와 이단 종파와의 교리 비교

교리	기독교	몰몬교	여호와의 증인	통일교
신관 (하나님에 관한 교리)	성부. 성자, 성령의 삼위일체이시고, 인격적이시고, 전지, 전능, 무소부재하신 영원하시고 유일하신 하나님	우리가 지금 인간인 것처럼, 하나님도 같은 피조물이며, 인간도 종국에는 하나님과 같이 될 수 있다. 다신론	하나님은 한 분, 영원부터 존재하시고, 우주만물의 창조주시며, 보호자이시다. 삼위일체를 부인함.	하나님은 천사장 루시퍼와 함께 아담과 이브를 창조하시고, 에덴동산에서 행복하게 살았다.
기독관 (예수님에 관한 교리)	그리스도는 삼위일체의 하나이신 하나님 자신이시다. 인류의 구속자로서, 세상 죄를 지고 십자가에서 죽으시고 부활하셔서서 승천하셨으며, 재림의 주님으로 오실 것임.	부활한 신인 아담과 마리아 사이에서 출생. 동정녀의 성령잉태를 부인함. 마리아, 막달라 마리아, 마르다 등이 예수님의 부인이라고 주장하여 다처를 강조.	예수는 하나님이 아니며, 하나님이 최초로 창조하신 인간임. 그리스도의 신성을 부인함.	선의 자녀를 낳기 위해서 예수님이 오셨음. 영은 구원하셨지만, 결혼을 못하셨는고로 인간의 육은 구원 실패.
성경관 (성경에 관한 교리)	성령의 감동으로 쓰여진 완전무결한 하나님의 말씀, 우리의 믿음과 생활의 기초, 일점일획도 가감할 수 없음.	조셉 스미스가 쓴 "새로운 성서"를 하나님의 계시라고 믿고, 성경에 추가시켰음.	그들이 번역한 "새 세대의 성경번역" 만을 인정.	1955년 원리강론을 그들의 성경으로 삼고 통일교 창설, 새 시대의 새 계시인 원리강론은 진리 자체이고, 성경은 그 진리를 가르치는 교과서로 비유함.
속죄관 (인간의 죄 문제)	인간은 죄로 하나님과 분리, 영원한 저주를 받을 운명, 그리스도의 보혈로만 우리의 죄가 속죄될 수 있음.	인간은 계속 하나님이 되어가고 있음. 아담의 죄는 지상생활의 경험을 위해서 또 하나님의 영적 자녀로서의 어버이가 되는데 필요불가결한 것이었음.	그리스도의 죽음은 인간이 구원을 얻도록 일할 기회를 주었음. 육체와 영혼이 동시에 죽음.	그리스도의 죽음은 인간이 구원을 얻도록 일할 기회를 주었음. 육체와 영혼이 동시에 죽음.

교리	기독교	몰몬교	여호와의 증인	통일교
구원관 (영생의 문제)	하나님께서 우리에게 거저주시는 선물(은혜)로, 예수님을 믿는 믿음을 통해서 누구나 받을 수 있다. 천국에서 영생을 보내도록 축복.	구원은 선행에 의해서 얻어지며, 각 사람의 선행의 공적에 따라 3종류의 천국 중 하나가 선택되어짐.	지옥이나 영원한 심판은 없고 여호와의 기준에 미달되는 사람은 다 멸절되며, 죽음 저편의 세계는 모르게 됨.	육적 타락을 구원해줄 재림 주님이 1917년에 해돋는 곳(계 16:12) 동방의 나라에서 탄생한다고 가르침. 그를 통한 피가름을 해야만 육과 영의 구원이 성취된다고 가르침.
부활관 (내세관에 관한 교리)	예수님께서 죽음에서 부활하신 것처럼, 그를 믿는 신자들은 영생의 부활로 다시 살아난다(불신자-멸망의 부활).	참고: 3가지 천국 제1천국: 복음을 거절한 이방인들을 위한 곳. 제2천국: 몰몬교회 교리와 계시를 부인한 다른 종교인들을 위한 곳	그리스도는 영으로 부활하셨고, 육신의 부활을 부인함. 신자들의 육신부활도 부인함.	
말세관 (말세에 있을 일들)	예수님께서 다시 재림. 심판을 통한 영생과 영벌이 있음. 신천신지, 새예루살렘, 천당과 지옥	제3천국: 셋으로 구분하고, 그 중에서 제일 높은 곳은 하나님이 된 몰몬교인들과 그 가족들이 있을 곳임.	1914년 눈에 보이지 않게 예수님이 지상에 오셨고, 지금은 천국에서 지구를 통치하고 계심.	사도행전 1:4-11: 구름타고 재림. 재림의 주인인 자기에게 전세계에서 사람들이 구름처럼 모여든다고 해석.
비 고	마틴 루터의 종교개혁(1517년)으로 개신교가 탄생, 천주교에서 분리됨.	1823년 9월 21일-계시로 몰몬경을 발견하고 번역(조셉 스미스). 1831년 유타주에 자리잡고 포교활동함.	1852년 러셀이 창시함. 천년왕국에서 144,000명의 여호와의 증인이 모두 왕이 됨.	문선명: 1946년 원리강론을 가르치기 시작. 1955년에 통일교 창설.

최근의 여러 사건들, 특히 시한부 종말론을 생각하고, 자신이 어떻게 대처했었는가를 생각해보십시오. 아울러 이단종파에 대한 공부를 한 후에 나의 자세를 다시 한번 평가해보십시오. 다시 오실 재림 주를 갈망하는 마음으로 자신을 평가해보시기 바랍니다.

1. 다음 문장이 맞으면 O표, 틀리면 X표 하시오.

가. 종말은 있지만, 성경은 그 시기와 장소를 언급하지 않았다. (   )

나. 이단에게 가능하면 친절하게 대해야 한다. (   )

다. 이단들은 모두 신의 계시를 직접 받았다고 주장하는데, 인정해서는 안 된다. (   )

라. 이단들의 정통 교회에 대한 비판에 우리가 동조할 필요가 있다. (   )

2. 다음 보기에서 한국에서 일어난 이단은 괄호 안에 "한국"을, 미국에서 일어난 이단은 괄호 안에 "미국"이라고 적으시오.

가. 몰몬교   (   )

나. 전도관   (   )

다. 여호와의 증인   (   )

라. 통일교   (   )

마. 안식교   (   )

바. 크리스천사이언스   (   )

3. 교주가 있다면, 정통 기독교회가 아니다. 교회는 예수님을 주님으로 섬긴다. 다음의 이단들이 주장하는 교주는 누구인가? 교주와 이단을 선으로 연결하라.

가. 몰몬교 • • 박태선

나. 전도관 • • 조셉 스미스

다. 여호와의 증인 • • 에디 부인

라. 통일교 • • 찰스 러셀

마. 안식교 • • 문선명

바. 크리스천사이언스 • • 윌리엄 밀러

4. 다음 중 이단이 주장하는 것이 아닌 것은?

가. 하나님은 천사장 루시퍼와 함께 아담과 이브를 창조하시고, 에덴동산에서 행복하게 살았다.

나. 하나님은 한 분, 영원부터 존재하시고, 우주만물의 창조주시며, 보호자이시다. 삼위일체를 부인한다.

다. 성경은 성령의 감동으로 쓰여진 완전무결한 하나님의 말씀, 우리의 믿음과 생활의 기초, 일점일획도 가감할 수 없다.

라. 구원은 선행에 의해서 얻어지며, 각 사람의 선행의 공적에 따라 3종류의 천국 중 하나가 선택되어진다.

5. 교리적으로 혼란스러울 때 당신은 누구와 의논하는가, 혹은 누구와 의논해야 하는가?

개인 성경 연구

- 성경 연구의 목적
- 성경 연구의 유익
- 성경 연구의 방법
- 성경 공부를 위한 준비
- 말씀에 대한 자세와 축복
- 개인 성경 공부를 위한 실질적인 제안들

제21과 개인 성경 연구

훈련목표

하나님의 백성으로서, 믿음이 성숙되기 원하는 성도로서, 교회에서 일반 성도를 지도해야 할 청지기로서 성경을 연구하는 것은 매우 중요하다. 본과를 통해 자기 자신에게 맞는 성경공부 방법을 배우기 바란다.

여러분은 십계, 다윗왕, 삼손과 데릴라, 벤허, 왕중왕 등의 성경영화를 한두 편 정도는 보았을 것이다. 그 내용도 어느 정도 기억하고 있을 것이다. 그런데 영화를 볼 때의 감정과 성경을 그냥 읽을 때의 느낌이 다른 것을 알 수 있다. 그것은 성경을 연구하며 읽느냐의 차이라고 볼 수 있다. 한 편의 영화를 만들기 위해서는 그 시대의 역사적 배경을 충분히 연구하고, 등장 인물들의 성격을 정확히 묘사하기 위해서 인물에 대해 치밀히 연구하고, 그 시대의 의상과 소도구 등의 고증을 받고, 지리적인 고증을 받는다. 특별히 오랜 전의 역사적 사실을 영화화하거나 극화할 때 고증이라는 부분은 굉장히 중요한 것이다. 고증이 잘못될 때, 그것은 역사와 전혀 다른 픽션이 돼버릴 위험이 있기 때문이다.

이제 우리는 성경을 알아보고자 한다. 물론 사람마다의 개성과 성격에 따라 어떤 사람은 이야기식의 공부가 더 효과적이고, 어떤 사람은 분석적이고 비판적인 보고서 형식이 더 효과적일 수 있다. 어떤 성경연구법이든지 간에 '성경을 즐길 수 있는' 방법이 좋다. 우리는 영화나 소설만을 즐길 것이 아니라, 성경 자체도 즐길 수 있어야겠다.

옛날 성도들이 성경을 이해했다면, 우리도 못할 이유가 없다. 특히 하나님의 백성으로서, 믿음이 성숙되기 원하는 성도로서, 교회에서 일반 성도를 지도해야 할 청지기로서, 성경을 연구하는 것은 매우 중요하다.

1. 성경 연구의 목적

"모든 성경은 하나님의 감동으로 된 것으로 교훈과 책망과 바르게 함과 의로 교육하기에 유익하니 이는 하나님의 사람으로 온전케 하며 모든 선한 일을 행하기에 온전케 하려 함이니라"(딤후 3:16).

가. 〔경건생활〕을 위한 연구

경건생활은 청지기들이 늘 생활 속에 이루어야 하는 것이고, 주의 명령이다. 또한 성경의 믿음의 선배들은 모두 경건의 훈련을 쌓은 사람들이다. 사도 바울은 디모데후서 2:15에서 "네가 진리의 말씀을 옳게 분변하여 부끄러울 것이 없는 일꾼으로 인정된 자로 자신을 하나님 앞에 드리기를 힘쓰라"라고 우리에게 말씀하신다.

· 딤전 2:2 - 우리가 모든 경건과 단정한 중에 평안한 생활을 하려 함이니라.

· 딤전 4:5 - 하나님의 말씀과 기도로 거룩하여짐이니라.

· 딤전 4:7 - 망령되고 허탄한 신화를 버리고 오직 경건에 이르기를 연습하라(딤전 6:3 참고).

· 딤전 6:11 - 오직 너 하나님의 사람아 이것들을 피하고 의와 경건과 믿음과 사랑과 인내와 온유를 좇으며.

· 벧후 3:11 - 너희가 어떤 사람이 되어야 마땅하뇨 거룩한 행실과 경건함으로.

나. [거짓 교리]에 대항하는 도구

오늘날 많은 신자들이 이단 교리에 빠지는 이유가 무엇인가? 그것은 그들이 성경을 읽지 않아서가 아니라 성경을 연구하지 않아서이다. 성경을 읽는 것만으로는 부족하다. 성경을 바르게 연구하여 무장을 할 때에 어떤 유혹이나 거짓 선지자들에게 대항할 수 있으며, 거짓 교리가 들끓는 세상에서 승리할 수 있다.

- 엡 4:13-14 - 우리가 다 하나님의 아들을 믿는 것과 아는 일에 하나가 되어 온전한 사람을 이루어 그리스도의 장성한 분량이 충만한 데까지 이르리니 이는 우리가 이제부터 어린아이가 되지 아니하여 사람의 궤술과 간사한 유혹에 빠져 모든 교훈의 풍조에 밀려 요동치 않게 하려 함이라.
- 엡 6:11-12 - 마귀의 궤계를 능히 대적하기 위하여 하나님의 전신갑주를 입으라 우리의 씨름은 혈과 육에 대한 것이 아니요 정사와 권세와 이 어두움의 세상 주관자들과 하늘에 있는 악의 영들에게 대함이라.

다. [성경지식]을 얻기 위한 연구

성경은 세상의 모든 문제를 다 다루고 있다. 인간의 생노병사, 사업이나 국가의 흥망성쇠를 모두 다루고 있다. 성경에서 제시한 방법을 적용하면 인간의 대부분의 문제가 풀린다. 그러므로 동서고금을 막론하고 성경을 지식습득의 원천으로 생각하고 믿음과 상관없이 많은 사람이 연구하기도 했다. 성경 자체가 지식이며, 지혜이다. 성경에는 지식에 대한 많은 구절이 기록되어 있다.

- 지식은 하나님이 주신 은사 - 고전 12:8
- 하나님을 경외함이 지식의 근본임 - 잠 1:7
- 지혜의 근원 - 하나님이신(시 111:10), 하나님의 뜻을 행하는 것(요 7:17).
- 지식을 얻으라는 하나님의 명령 - 잠 2:3-5, 3:13, 4:5, 23:23; 벧후 1:5

2. 성경 연구의 〔유익〕

가. 성경은 죄를 발견케 하고, 죄를 깨닫게 해준다.

나. 성경은 우리를 죄의 오염에서 보호해 준다.

다. 성경은 생명의 참 기쁨을 알게 해준다.

라. 성경은 우리가 해야 할 일을 가르쳐 준다.

마. 성경은 죄와 유혹을 물리칠 무기와 능력을 제공해준다.

바. 성경은 우리의 삶이 풍성한 열매를 맺도록 도와준다.

사. 성경은 우리에게 기도의 능력을 제공해준다.

3. 성경 연구의 〔방법〕

가. 〔성경책〕별 및 〔장〕별 연구

먼저, 성경 각 책의 제목이 쓰여진 이유와 그 책의 저자, 기록 연도, 기록된 배경 등을 연구한다. 이런 연구 방법의 교재로는 시중에 나와있는 '아가페성경' '뉴톰슨성경' 등 주로 주석성경을 보아도 쉽게 연구할 수 있다. 그 후에 각 장을 정독하여 그 장의 제목을 본인이 만들어 보고, 그 장의 주제가 무엇이며, 부제가 무엇인가를 찾아본 후에 그 장의 요절을 정해본다. 이것을 자신의 연구노트에 기록해 나가면 성경 각 장의 연구가 된다.

나. 〔단락 및 구절〕별 성경 연구

이것도 각 장별 연구와 비슷하나 — 장별의 경우는 몇 개의 개념이나 주제가 있을 수 있으나 — 단락 및 구절의 경우는 한 주제를 갖고 있다. 이 성경 연구법은 주제가 무엇인가, 요점이 무엇인가, 누구·무엇에 관하여 기록된 것인가, 나에게 주는 약속이나 교훈은 무엇인가, 내가 고백하고 회개해야 할 죄는 무엇인가, 순종해야 할 명령은 무엇인가, 내 삶에 적용할 것은 무엇인가를 스스로 질문하고 답하며, 연구노트에 기록해 나가는 방법이다. 그러나 모든 단락이나 구절이 이런 모든 질문에 해답을 주는 것은 아니므로, 최대한 연구하여 해답을 찾는 자세가 중요하다.

다. 〔인물〕별 성경연구

연구하기 원하는 특정인의 생애를 통하여 주시는 하나님의 계시를 발견하는 연구방법으로서, 성경과 성경사전 등의 자료를 읽고, 그의 생애를 통한 하나님의 역사와 특정인의 생애 중 실패와 성공의 원인과 결과, 내가 그 사람이었다면 어떻게 처신했겠는가를 살펴본다. 특정인을 연구할 때 시기별로, 인간관계별로, 사건별로 연구해보는 방법이 있다.

라. 〔사건〕별 성경연구

성경에는 특별한 사건이 기록되기도 했지만, 주로 인간의 일상적인 생활의 사건들이 많이 기록되어 있다. 연구하기 원하는 사건의 원인과 진행, 결과, 사건에 관련된 인간관계 그리고 그 사건이 인간들에게 미치는 영향 등을 연구하여 오늘의 삶에 적용하는 방법이다.

마. 〔단어〕별, 〔주제〕별, 〔교리〕별 성경연구

어떤 단어, 혹은 주제나 교리를 중심으로 성경 전체에서 가르치고 있는 것을 연구한다. 한 부분에 매이거나, 한 부분만을 강조하는 아전인수격의 해석이나 적용보다는 성경 전체의 의미를 깨달아야 한다. 단어에 대한 성경 연구 교재는 한글로 된 것보다는 성경원어를 — 구약은 히브리어, 신약은 헬라어 — 중심으로 연구하는 것이 바람직하다. 인물, 사건, 주제를 중심으로 한 교재로는 영어의 'Through The Bible in One Year' 를 번역한 두란노서원의 교재가 3권으로 나와 있는데, 각 권을 1년에 마치도록 52과로 구성되어 있다.

바. 관련 학문들을 통한 성경연구

(1) 성서지리학 – 성경에 나오는 모든 지역들의 지리, 지질, 기후, 농업 등을 연구.

(2) 성서역사학 – 당시의 국가관계, 외교문제, 인종문제, 용병법, 민족 이동 등을 연구.

(3) 성경언어학 – 구약의 원어인 히브리어, 아람어, 신약의 원어인 헬라어 등을 비롯하여 당시에 사용되었던 인접 원어들을 연구하여 성경본문이 의도하는 뜻을 파악하는 연구.

(4) 성서고고학 – 땅속에 묻힌 당시의 문서나 건물, 무덤 등을 발굴하여 물적 증거를 갖고 당시의 현장을 재구성해보는 연구 방법.

이 외에도 성서해석학이나 기타 관련 학문이 성경 연구를 깊이 하려는 분에게 도움이 되겠고, 철학적이거나, 심리학적이거나, 사회학적이거나, 문학사적인 면에서는, 혹은 본인과 관련된 분야를 통한 성경 연구 모두 도움이 될 수 있으며, 유익한 성경 연구 방법이 될 수 있다. 한 가지 방법에 너무 얽매이지 말고, 지속적으로 연구하는 것이 바람직하다.

4. 성경 공부를 위한 준비

가. 성경을 읽기 전에 【성령님】의 도우심을 구하라.

고전 2:11 – 사람의 사정을 사람의 속에 있는 영 외에는 누가 알리요 이와 같이 하나님의 사정도 하나님의 영 외에는 아무도 알지 못하느니라.

나. 〔마음〕의 평온을 찾고 고요하게 만들라.

왕상 19:11-13 - "…여호와 앞에 크고 강한 바람이 산을 가르고…바람 후에 지진이 있으나 지진 가운데도 여호와께서 계시지 아니하며 또…불 가운데도 계시지 아니하더니 불 후에 세미한 소리가 있는지라…저에게 임하여 가라사대…." 즉 고요한 중에 하나님의 말씀이 임했다.

다. 〔마음〕을 열라.

시 119:130 -131 - "주의 말씀을 열므로 우둔한 자에게 비취어 깨닫게 하나이다 내가 주의 계명을 사모하므로 입을 열고 헐떡였나이다." 사모하는 마음으로 마음을 열 때 하나님의 말씀이 임한다.

5. 말씀에 대한 〔자세와 축복〕

가..말씀에 대한 우리의 자세

- · 즐거워하라: 시 1:2 - "오직 여호와의 율법을 즐거하여…."
- · 묵상하라: 시 1:2 - "…그 율법을 주야로 묵상하는 자로다."
- · 상고하라: 행 17:11 - "…간절한 마음으로 말씀을 받고…날마다 성경을 상고하므로."
- · 믿으라: 롬 10:10 - "마음으로 믿어 의에 이르고…."
- · 분별하라: 딤후 2:15 - "…진리의 말씀을 옳게 분변하여…."
- · 배우라: 딤후 3:14 - "…배우고 확신한 일에 거하며…뉘게서 배운 것을 알며."
- · 사모하라: 벧전 2:1-2 - "…순전하고 신령한 젖을 사모하라…."

· 실천하라: 요 7:17 - "사람이 하나님의 뜻을 행하려 하면…."

· 매일, 꾸준히 지켜 행하라: 수 1:8 - "이 율법책을 네 입에서 떠나지 말게
하며…."

나. 말씀 [순종]의 복

· 시 19:7 - 영혼의 소성

· 시 19:7 - 지혜로움

· 시 19:8 - 마음의 기쁨

· 시 19:8 - 영적 눈의 밝음

· 마 13:8, 23 - 신앙의 열매

· 눅 6:46-49 - 신앙의 견고

· 요 5:24 - 영생을 얻음

· 요 8:31 - 주님의 제자됨

· 요 15:7 - 기도 응답받음

· 행 5:32 - 성령의 내주

· 히 5:11-14 - 영적 성장

· 약 1:25 - 하나님의 복

· 벧전 1:22 - 영혼의 정결

· 계 3:10 - 주님의 보호받음

6. 개인 성경 공부를 위한 실질적인 제안들

가. 성경을 읽고 그 장의 [제목](장명)을 만들라.

정답으로 제시된 장명은 없다. 나에게 맞는 제목을 찾으라. 가능하면
전체를 포함시킬 수 있는, 함축적이면서도 전체를 하나로 묶을 수 있는

제목, 또한 나중에 앞장과 뒷장을 연결시킬 수 있는 제목이 좋다.

나. 그 장의 〔요절〕을 찾으라.

정답으로 제시된 것은 없고, 개인별로 다 다를 수 있으니 다른 사람의 선택을 마음에 두지 말고, 나에게 주시는 하나님의 말씀으로서의 요절을 찾는다. 제목은 앞뒤의 연결을 생각해야 하지만, 요절은 제목과 어울리는 것이나 개인에게 특별한 의미가 있는 것을 고르는 것이 좋다.

다. 내용을 분석하고, 그 장이나 요절에서 〔교훈〕을 찾으라.

성경을 읽으면서 말씀을 분석하고, 그 내용 가운데서 교훈을 찾아야 한다. 하나님의 명령과 가르침을 찾고, 약속에 따르는 조건이 무엇인가를 발견하고, 내 삶에서 피하고 버려야 할 것들이 무엇인가를 분별하고, 취하고 지켜야 할 것들을 확인한다. 자기진단, 자기발견이 가능한 교훈을 찾으면 된다.

라. 성경읽기와 묵상을 〔병행〕하라.

성경을 많이 읽는 것보다 묵상의 병행이 중요하다. 특히 한국에서는 성경을 많이 읽는 것을 강조해온 과거의 습관이 있기 때문에 많이 읽기만 했는데, 묵상의 시간(Quite Time)을 정하고 명상하는 것이 필요하다.

마. 눈과 입으로만 공부하지 말고, 노트에 체계적으로 〔기록〕하라.

영성일기(Spiritual Formation Diary 혹은 Spiritual Journal)를 매일 기록한다. 영성일기를 매일 기록함으로 자신의 신앙의 여정에서의 현재를 늘 점검해 볼 수 있으며, 자신이 하나님 앞에 보다 솔직한 모습으로 서게 된다.

바. 내 삶의 현장을 [분석]하라.

오늘 내가 겪었던 일들과 말씀과의 관련성을 위해서는 오늘의 나를 분석해 보는 것이 좋다. 오늘의 나와 사건이나 인물과의 관계 등을 분석해 보는 것이다. 말씀을 통해서 내가 피하고 버릴 것은 무엇인가를 파악하라. 아울러 택하고 지켜야 할 것은 무엇인가를 파악하라. "여호와여 주의 율례의 도를 내게 가르치소서 내가 끝까지 지키리이다 나로 깨닫게 하소서 내가 주의 법을 준행하며 전심으로 지키리이다"(시 119:33-34)라는 자기 결단이 있어야 한다.

사. 성경 연구를 삶에 [적용]하라.

성경을 읽을 때에 그냥 넘어가는 것이 아니라, 하루에 조금을 읽더라도 말씀의 요약(Summarize), 말씀의 의미(Meaning), 말씀의 적용(Application), 결심의 기도(Dedication Prayer)를 적어본다. 약속에 따르는 조건이 무엇인가를 파악하라. 하나님의 약속에는 반드시 조건이 따른다. 이 조건을 살피고, 실천하는 방법을 생각하라.

아. 기도로 마무리하고, 계속해서 [실천]하라.

말씀과 내 삶에 대한 분석에서 말씀의 적용이 나왔으면, 이제는 기도하고 실천해야 한다. 말씀이 내 삶에서 실천되지 않으면, 나는 위선자에 불과하다. 실천을 통한 청지기가 되자.

1. 성경 연구를 위해서 성령님의 도우심을 구하라: 고전 2:11; 딤후 3:16

2. 조급해 하지 말고, 마음의 평온을 유지하라: 왕상 19:9-14; 딤전 2:2

3. 성경 연구를 위해서 마음을 열라: 시 119:130-133

4. 성경 읽기와 묵상을 병행하라: 계 1:3

5. 영성일기(팡세)나 큐티 노트를 만들어 매일 기록하라.

6. 말씀 연구를 즐거워하라: 시 1:1-2

7. 말씀으로 자신의 삶을 분석하라: 딤후 2:15

8. 말씀에서 교훈을 찾아 삶에서 실천하라: 딤후 3:14

9. 기도로 마무리하라: 딤전 4:5

10. 말씀으로 삶을 무장하여 승리하라: 엡 6:11-12

교회의 청지기로서 교인들을 잘 돌보아야 하는데, 나 자신이 영적으로 무장되지 않았다면 스스로를 지킬 수도 없고, 교인들을 올바르게 지도할 수도 없습니다. 나는 어떤 상태인지 자신을 평가해 보시기 바랍니다.

1. 다음은 한국교회들이 많이 다루고 있는 성경공부 이름이다. 이 중 자신이 수료한 반은 O표, 가르치는 반은 ＊표, 없는 반은 ▲표를 해보자.

( ) 벧엘 성경반　　　　　　　( ) 벧엘 생활반

( ) 크로스웨이 성경공부반　　( ) 하나님을 경험하는 삶

( ) 기도의 삶　　　　　　　　( ) 부부의 삶

( ) 새신자 양육반　　　　　　( ) 전도학교

( ) 제자성경공부반　　　　　　( ) 일대일 양육

※ 기타(구체적으로 적어보세요)

2. 나의 현재의 모습은?

(%)

가. 나는 규칙적으로 말씀을 듣는다.　　20　40　60　80　100

나. 나는 규칙적으로 말씀을 읽는다.　　20　40　60　80　100

다. 나는 정기적으로 말씀을 암송한다.　20　40　60　80　100

라. 나는 정기적으로 말씀을 공부한다.　20　40　60　80　100

마. 나는 성경을 연구하고 묵상한다.　　20　40　60　80　100

바. 나는 성경 연구를 통해서 머리만 키운 성도는 아니다.

20   40   60   80   100

사. 나는 성경 연구를 통해서 얻은 교훈대로 살고 있다.

20   40   60   80   100

아. 나는 성경 공부를 끝낸 후에 성도들과 교제를 나눈다.

20   40   60   80   100

3. 성경 공부를 위한 나의 준비는?

가. 나는 성경을 읽기 전에 기도한다.   20   40   60   80   100

나. 성경 공부를 위해서 늘 마음을 열고 있다.

20   40   60   80   100

다. 성경 공부를 통해서 늘 마음의 평온을 유지한다.

20   40   60   80   100

라. 성경 공부를 통해서 내가 버려야 할 점을 겸손하게 찾아낸다.

20   40   60   80   100

마. 성경 공부를 통해서 내가 취해야 할 점을 진지하게 발견한다.

20   40   60   80   100

바. 성경 공부를 기도로 마무리한다.   20   40   60   80   100

4. 성경공부반에 대한 나의 참여도는?

가. 정기적으로 교회에서 실시하는 성경공부에 참여하고 있다.

20   40   60   80   100

나. 교회에서 실시하는 성경공부에 참여하도록 교우들에게 권한다.

20　40　60　80　100

다. 교회에서 실시하는 성경공부에 참여하도록 교우들을 추천한다.

20　40　60　80　100

종말론 이해

- · 개인의 종말
- · 말세와 재림에 대한 예언
- · 종말의 징조
- · 예수님의 재림
- · 천년왕국과 종말 사건들
- · 최후의 심판

제22과 종말론 이해

훈련목표

종말론은 예수님께서 직접 언급하신 말씀이기도 하다. 여러 가지 종말 사상으로 혼미한 이 시대에 종말론에 대한 바른 이해를 가지는 것은 매우 중요하다. 본과를 통해 성경이 말씀하는 바른 종말 사상을 가지게 되길 바란다.

오늘날 교회에서 종말(혹은 말세)에 대해서 이야기하면, 마치 이단으로 몰아가는 경향이 생겼다. 몇 년 전의 사건들이 한국뿐만 아니라, 해외 교포 사회에서도 엄청난 소란을 일으켰기 때문이다. 그러나 그런 사건들은 한두 번에 그친 것이 아니라, 기독교 역사상 계속해서 벌어진 사건이다. 청지기로서 종말에 대한 올바른 이해와 올바른 자세를 지니는 것은 매우 중요하다. 청지기로서 배격해야 할 것은 '시한부 종말론'이지 종말론 자체는 아니다.

오늘날 우리가 말세 중에서도 마지막 때(말세지말/末世之末)에 살고 있다는 사실을 기독교인이 아닌 불신자들까지도 인정하고 있다. 메시아 곧 예수 그리스도에 대한 예언이 구약에서 이미 언급되었으며, 그 예언이 모두 다 성취되었다. 그의 출생, 생애, 죽음, 부활 등 모두 그대로 이루어졌으며, 오직 한 가지만 남았다.

곧 예수의 재림이다. 예수께서 재림하시면 이 세상에는 종말이 오게 되는 것이다. 그러므로 말세론이란 예수 그리스도의 재림의 역사적인 사건을 중심으로 마지막 때에 일어날 사건들을 말하는 것이다.

개인의 종말

이 세상이 끝나는 것이 종말이지만, 개인적으로 본인의 삶이 끝나는 죽음이 종말이 될 수도 있다. 또한 주님께서 재림하시면 함께 맞이하는 종말이 있다. 그러므로 종말론을 말할 때, 개인적인 종말, 즉 개인의 죽음을 언급해야 한다.

1. 죽음에 대한 이해

가. 죽음의 〔정의〕

죽음은 육체와 영혼의 분리를 말한다(눅 23:43; 요 19:30). 이 때 육체는 그 기능이 정지된 채 흙으로 돌아가고, 영혼은 별도의 지정된 곳으로 간다(전 12:7). 원래의 인간에게는 죽음이 없었으나, 인간이 저지른 죄에 대한 하나님의 심판의 결과(롬 1:32, 5:16; 갈 3:13)로 필연적인 죽음이 오게 되었다(창 2:17, 3:19; 롬 5:12, 17, 6:23; 히 9:27; 약 1:15). 육체적 죽음이란 '신체와 영혼의 분리로 말미암는 육체적 생명의 종결'이다(약 2:26; 전 12:7; 마 10:28; 눅 12:4). 하지만 이것은 결코 존재의 멸절이 아니다.

나. 성도가 겪는 죽음의 〔의미〕

성도는 〔믿음〕으로 과거, 현재, 미래의 모든 죄를 용서받았다(롬

5:16, 8:15-16). 그러나 성도들도 죽음을 피하지 못한다. 이것은 성도로 하여금 겸손을 배우게 하며, 육적인 것에서 떠나게 하며, 신령한 것에 삶의 목적과 목표를 두게 한다.

다. 죽음에 대한 성도의 〔자세〕

불신자에게는 죽음이 영원한 형벌로서 징계이지만, 믿는 자에게는 죽음이 연단임을 아는 성도는 자신의 한 번뿐인 인생을 봉사의 기회로 삼고(엡 5:16), 세속에 물들지 않기 위해서 힘쓰되(딤후 4:7), 죽음에 임박해서는 두려워 말아야 한다(살전 4:13-18). 죽음은 인간에게 필수적인 과정이다. 그러나 신자는 예수 그리스도 안에서 사망을 이겼다(딤후 1:10; 롬 5:17, 8:1-2; 고전 15:22, 55-57). 그러므로 신자에게 있어서 죽음이란 더 이상 죄에 대한 형벌이 아니라, 영광스러운 구원의 완성을 위한 성화의 마지막 과정이다.

2. 영생

영생하시는 하나님의 형상으로 지음받은 인간이 영생하는 것은 지극히 당연하다. 사실 인간은 영생할 존재로서 지음을 받았다. 영생에는 성도가 복된 삶을 영원히 누리는 좁은 의미의 영생과 악인이 영원히 징계받는 것까지 포함하는 넓은 의미의 영생이 있다.

말세와 재림에 대한 예언

1. 종말에 대한 〔예언〕

성경은 말세에 대한 것을 강조하고 있다. 말세를 말할 때 성경에서 벗어나게 되면 위험에 빠진다. 특히 신약에서 세계 종말에 대한 구절을 많이 찾아볼 수 있다.

가. 사복음서에서 – 마 24:29-31; 막 13장; 눅 17장, 21장; 요 14:1-3

나. 바울 서신 중에서 – 고전 15장; 살전 1:10, 2:19, 3:13; 딤후 1:10, 4:1, 8; 벧전 5:4; 벧후 3:10-16; 약 5:8

다. 계시록 중에서 – 4장~18장(7년 환란과 그리스도와의 관계), 19장~20장(이 땅에 임하시는 그리스도의 위엄찬 모습과 평화스러운 천년왕국).

라. 성경의 종결 – 계 22:20 "속히 오리라", "아멘 주 예수여 오시옵소서."

2. 재림에 대한 (예언)

신약성경 총 216장 중에서 재림에 대한 것이 318번 언급되었다. 평균 30절에 한 번 말세에 임할 예수 재림을 강조했다. 신약성경 27권 중 23권에서 예수의 재림을 강조했다.

3. 종말의 (시기)/재림의 (시기)

이단과 시한부 종말론자들이 가장 많이 잘못하는 것이 바로 재림의 시기에 대한 언급이다. 성경은 절대로 재림의 시기를 가르치고 있지 않다. 재림의 시기는 오직 하나님의 절대주권에 속한다. 성경을 멋대로, 자의적으로 해석해서는 안 된다.

가장 최근에 일어난 시한부 종말론 사건으로는 펄시 콜레와 이장림이 주도하던 사건을 들 수 있다. 이장림이 주도하던 다미선교회는 1992년 10월 28일 24시에 예수님이 재림한다고 시한부 종말론을 주장하여, 일부 학생들이 등교를 거부하고, 임산부가 낙태하고, 어떤 이들은 가정과 살림을 정리하기도 했었다. 엄청난 사회적 물의를 일으킨 시한부 종말론은 결국 거짓으로 판명되어 숨어버리고 말았다. 또한 펄시 콜레라는 미국 사람은 한국 교회뿐만 아니라 미주 지역의 한인교포 교회에서도 연합집회를 갖는 등 엄청난 파문을 일으켰다. 펄시 콜레의 「내가 본 천국」이라는 책자, 이장림의 「다가올 미래를 준비하라!」와 「하늘문이 열리다」는 기독교인들에게 뿐만 아니라 사회적인 물의를 일으키기도 했었다. 성경을 자의적으로 해석한 결과로 나타난 사회적 물의라고 볼 수 있다.

- 마 24:36 – "그러나 그 날과 그 때는 아무도 모르나니 하늘의 천사들도, 아들도 모르고 오직 아버지만 아시느니라."
- 벧후 3:10 – "그러나 주의 날이 도적같이 오리니 그 날에는 하늘이 큰소리로 떠나가고 체질이 뜨거운 불에 풀어지고 땅과 그 중에 있는 모든 일이 드러나리로다."

종말의 징조

1. 구약에 나타난 징조: 다니엘서를 중심으로

가. 다니엘 2장 31–45절 해설(느브갓네살 왕이 본 큰 신상)
- 머리는 정금: 바벨론 왕국(주전 606–538년)
- 가슴과 팔은 은: 메데와 파사국가(주전 538–331년)
- 배와 넓적다리는 놋: 헬라(주전 331–168년)

· 종아리는 철: 로마제국(주전 168-주후 476년)
· 발 일부는 철, 일부는 진흙: 주후 476-예수 재림 때까지의 국가들
  지금 우리는 열 발가락 시대에 살고 있다.

나. 다니엘 9장 24-27절의 70이레에 대한 해석
· 예루살렘 복구에 대한 재건 명령이 날 때까지의 7이레(주전 445년)
  곧 49년이요.
· 기름 부은 왕이 일어나기까지가 62이레(434년)
  즉 도합 483년은 예수께서 돌아가신 해에 해당하는 연수이다.
· 곧 말세에 있을 7년 대환란을 말한다: 계 13:5; 단 12:11
  1,290일: 3년 6개월
  평화기간 $3\frac{1}{2}$ + 핍박기간 $3\frac{1}{2}$ = 7년

다. 신속한 여행과 지식의 증가가 말세의 특징: 단 12:4
  말세의 특징으로 컴퓨터의 발달과 스피드 시대를 들 수 있다. 각종 대중교통과 교통수단의 발전으로 여행이 신속히 이루어지고, 정보화 시대에 접어들면서 정보는 국력이 되고, 돈벌이가 되면서 지식의 급속한 증가가 이루어지고 있다.

2. 신약에서 밝히는 (징조들)

  성경에 보면, 말세의 시기는 우리에게 말씀해 주지 않으셨지만 말세에 일어날 여러 가지 중대한 징조와 사건들에 대해서는 여러 가지로 설명해 주셨다. 우리의 주위에서 일어나고 있는 이 모든 여러 가지 징조와 사건을 공부해본다.

가. 거짓 그리스도의 [출현]: 마 4:24-28, 24:5, 24:11

말세에는 각종 이단사설, 적그리스도(5절), 거짓 선지자들이 나타나서 신자들을 유혹하고 혼돈케 한다(11, 15절).

(우리는 지금 종교적 혼란 시대에 살고 있다: 살후 2:4; 단 9:27 참고)

나. [전쟁]이 많이 일어남: 마 24:6-7

제1차 전쟁(1914-18년): 3,700만 명 사망, $3,370억 비용.

그 후 계속해서 전쟁(12회), 정치적 암살(39회), 반란(48회), 독립전쟁(74회), 정치, 종교, 사회혁명(162회)이 있었다.

제3차 전쟁에 대한 준비가 각 나라마다 다 되어 있다.

ex. 핵전쟁

다. [자연현상]에 일어날 징조와 사건들: 마 24:15-28

· 인구 증가, 공기 오염, 도덕 윤리의 부패와 환경 파괴로 인한 자연 재해가 심각해졌다.

· 기근이 일어나며 제1차 전쟁 이후 2,700만 명이 기근으로 사망했다.

· 지진: 그 횟수와 강도가 점점 증가하고 있음: 1935년 5월 31일 일어난 파키스탄의 지진이 최악의 것으로 여겨지는데, 그 후에도 계속해서 도처에서 지진이 발생했다. 최근에 일어난 지진만 돌이켜보면, 1989년의 샌프란시스코의 대지진, 1996년 LA지역에서 일어난 대지진, 1998년의 일본 고베 지역의 대지진, 1999년에 일어난 중국, 터키, 대만 등지의 대지진은 엄청난 것들이었다. 2001년 인도의 잦은 지진 또한 그렇다.

· 환란, 핍박: 공산 진영 국가의 기독교에 대한 핍박이 날로 심해졌고, 지능화되어 가고 있다.

· 불법이 성행한다.

· 질병과 전염병: 눅 21:11 – 1918년 인플루엔자로 2,800만 명이 사
  망했고, 현대에 와서는 암과 에이즈로 인한 세계적인 사망자 수는
  헤아릴 수 없게 되었다.

라. 인간들의 인심과 성격의 변화에 대한 징조: 딤전 4:1-5; 딤후 3:1-9

· 자기 사랑	· 탐욕	· 자긍심과 교만	· 불경건
· 부모 거역	· 감사할 줄 모름	· 거룩치 못하고	· 부정하고
· 약속 불이행	· 비절제하고	· 사나우며	· 선한 것을 싫어함
· 배반	· 완고	· 분별없고	· 자고하며

· 쾌락을 사랑하고 · 형식주의에 치우친다(이상은 18가지)

· 핍박받음 – 마 24:9 · 불법의 성행 – 마 24:12

· 사랑이 식음 – 마 24:12 · 복음의 확산 – 마 24:14

· 성도의 타락 – 딤후 3:1-5

· 배교하는 일(1967년 2월 샌프란시스코에서 사탄교회 탄생): 살후 2:3

마. 악의 범람(눅 17:26-30): 성적 도착, 악한 계획, 폭력 사회

바. 기롱하는 자가 출현: 벧후 3:1-12: 재림을 부인하고 비웃음.

사. 〔이스라엘〕 민족의 변동 사항: (이스라엘의 회복)

(1) 구약의 예언 – 여호와 하나님께서 이스라엘 백성을 그들의 불순종
과 교만으로 인해 온세상에 흩어 버리셨으나 다시 말세에 그들을 세계
각처에서 모아 그들의 고토 팔레스타인으로 돌아오게 하여, 그곳에서 강
국으로 뿌리를 박고 성장하게 하실 것을 예언하였다: 신 4:27-31; 사

11:9-12, 60:21-22; 렘 24:6; 겔 37:1-14; 마 24:32-35

(2) 예언의 역사적 고찰 – 이스라엘 민족들이 여호와 하나님의 명령에 불순종한 결과로 저주를 받아서 그 나라를 잃어버리고(2500년 간) 또한 국토까지 빼앗기고 쫓겨나 세계 각 지역으로 흩어져 살게 되었다(1,800년 간 국토 상실). 그러나 그들이 점차 고토로 돌아오기 시작하였다.

1917년 (25,000명),   1922년 (83,000명),   1932년 (180,000명),

1935년 (3000,000명), 1937년 (430,000명),   1947년 (500,000명),

현재 약 2백만 명

(3) 무화과나무의 비유 – 마 24:32-35

무화과나무는 유대국을 상징한다. "내게 청종치 아니하면 너희 죄를 인하여 내가 너희를 칠 배나 더 징치하리라"(레 26:18).

(4) 그 후에 1948년 5월 14일 오후 5시 16분에 유엔에 가입하고 다윗 왕을 상징하는 별 하나를 그린 국기를 세우고 와이즈맨 대통령이 독립을 선언함으로써 독립국가가 되어 무화과나무에 잎이 나왔음.

(5) 그 후에 1967년 7월 '6일 전쟁'을 통해서 무화과나무에 꽃이 피기 시작함.

㉮ 8천 평방마일에서 3만 4천 평방마일로 확장.

㉯ 인구가 2배로 증가함.

㉰ 예루살렘이 2,500년만에 이스라엘의 수중에 들어왔음.

㉱ 200만 인구로 5,400만 아랍제국과 대전했음: 아랍 국가는 35만 명의 피해가 있었으나, 이스라엘의 전사자는 1천 명이었음.

(6) 지금은 옛 예루살렘 성전 터 위에 이방종교의 사원이 서 있지만 그 것을 헐고 그 자리에 예루살렘 성전을 재건하면 그 때 예수께서 재림하 시게 됨(단 9:25).

아. 성전을 더럽힘 – 막 13:14; 살후 2:3-4; 계 11:1-2

예수님의 재림

1. 예수님의 재림의 모습

· 인격적, 신체적 재림: 슥 12:10; 마 26:24; 행 1:9-11

· 갑작스럽고 놀라운 재림: 마 24:27, 30

· 성도와 함께 재림: 계 19:14

· 엄한 심판주로 오심: 시 2:4-6; 마 25:4; 겔 20:38

· 천사장의 나팔소리와 함께 구름타시고 재림(영광의 모습): 살전 4:16

· 지상에 하나님의 왕국을 세우려 재림.

· 새 하늘과 새 땅 낙원 회복의 재림: 계 21-22장; 사 11장

· 마라나타: "주께서 곧 임하시느니라"라는 뜻으로 성도들 간에 인사말로 사

  용하였음.

2. 예수님의 재림에 대한 성도들의 준비 경고

· 열처녀의 비유: 마 25:1-13(등과 기름을 준비하는 생활)

· 달란트 비유: 마 25:14-30(성실한 봉사 생활)

천년왕국과 종말 사건들

1. 천년왕국

가. 천년설(Millenium) – 요한계시록에 6번 "천년"이라는 말이 언급되었다.

(1) 그리스도 재림 후에 그가 예루살렘에서 왕의 왕, 주의 주로 군림하시고, 이 지상을 천 년간 통치하며, 하나님의 대적들을 멸망시키며(19장), 사탄을 무저갱에 잡아 가둔다.

(2) 순교한 자들의 부활과 보상이 따르며(20:4)

(3) 천년왕국이 끝난 후에 사탄이 불못에 던져지며, 악인들이 부활하여 심판을 받음. 그리고 새 하늘과 새 땅이 창조된다.

나. 천년설에 대한 3가지 학설 – 예수의 재림 시기와 관련해서

(1) 전천년설(Pre-Millenium): 예수님의 재림이 천년왕국보다 앞선다. 즉, 지상재림을 하셔서 이 땅에 왕국을 1,000년 간 다스리신다.

(2) 후천년설(Post-Millenium): 예수님의 재림이 천년왕국 후에 있다. 말세기간 곧 교회시대: 예수께서 교회에서 영적 통치를 하는 기간을 1,000년 왕국으로 봄.

(3) 무천년설(A-Millenium): 문자적 천 년을 부정하고 이를 영적으로 해석한다.

2. 부활

가. 말세의 성도의 부활과 악인의 부활

· 의인/성도는 생명의 부활로, 악인은 심판의 부활로 나온다(요 5:29, 〈참고〉 고전 15장, 살전 4:13-18).

나. 부활 시기

신자나 불신자 모두 부활한다. 의인은 생명의 부활로, 악인은 심판의 부활을 맞이하게 된다.

(1) 예수님께서 재림하실 때에, 주 안에서 죽은 자들이 부활하여 휴거 됨: 살전 4:16-17

(2) 7년 환란 기간 중 순교한 성도들이 부활함: 단 12:1-2

(3) 천년왕국 기간 후에 악인들이 모두 부활함: 계 20:11-13

〈참고〉 휴거 이전에 죽은 성도들은 그 육신은 무덤에 남아 있지만, 그 영혼은 하늘의 몸으로 영적 몸, 썩지 않는 몸으로 천국에 간다.

· 눅 23:43 - "나와 함께 오늘 낙원에 있으리라."

· 고후 5:8 - "몸은 떠나 주와 함께 거하는 그것이라."

최후의 심판

1. 최후의 심판의 [성격] : 히 9:27 - 죽은 후에는 반드시 심판이 있다.

가. 심판자: 중보자로서 그리스도가 심판자가 되신다: 마 25:31-32; 요 5:27; 행 10:42, 17:31; 빌 2:10

나. 심판 [대상] : 사탄(계 20:7-10)과 마귀들(마 25:41)이 심판을 받는다. 아울러 모든 인간은 심판대 보좌 앞에 서야 한다(전 12:14; 마 13:36-42; 롬 14:10; 고후 5:10; 계 20:12). 성도는 영벌을 위한 심판이 아니라, 상급을 위한 심판을 받는다(고후 5:9-10).

다. 심판의 [시간]: 죽은 자의 부활 직후에 있다: 요 5:28-29; 계 20:12-13

라. 심판의 [종류]: 4가지 종류의 심판을 성경에서 기록하고 있다.

(1) 고후 5:10-11 – 그리스도의 심판대(죄에 대한 심판이 아니고, 상벌에 대한 심판)

성도들은 물론 다 구원을 받았지만, 자신이 행한 행위에 대한 심판을 받는다(롬 14:10; 고전 3:13; 골 3:24-25). 이 심판은 그리스도께서 공중재림하실 때, 즉 성도의 휴거시에 이루어지는 심판이다.

(2) 마 25:31-46 – 의인과 악인에 대한 심판

양과 염소를 갈라놓는 심판으로서 이는 7년 환난이 끝난 후에, 그 환난에서 믿음을 지킨 자들을 골라서 천국으로 인도하는 심판이다(시 2:1-10; 사 63:1-6; 슥 14:1-3 참고).

(3) 겔 20:33-38 – 이스라엘에 대한 심판

이 심판은 역시 7년 대환난 후에 있으며, 믿음을 갖고 회개한 유대인들을 다시 모으시는 것이다.

(4) 계 20:11-15 – 죽은 자에 대한 흰 보좌 심판

천년왕국이 지난 후에 인류 역사에 걸쳐 믿지 않던 모든 악인들을 흰 보좌 심판대 앞에서 심판하심. 어린양의 생명책에 그 이름이 없는 악인들은 모두 다 불연못에 집어넣는다.

마. 성도들이 받을 [면류관]의 종류: 고전 3:13-15; 시 13:6

(1) 썩지 않는 면류관: 고전 9:25 – 승리자에게 주심.

(2) 소망, 기쁨, 자랑의 면류관: 살전 2:19-20 – 전도를 잘 한 사람에게 주심.

(3) 의의 면류관: 딤후 4:8 – 선한 싸움을 다 싸운 자에게 주심.

(4) 영광의 면류관: 벧전 5:2-4 – 봉사, 충성을 잘한 성도에게 주심.

(5) 생명의 면류관: 계 2:10 – 순교자에게 주시는 상.

2. 심판 후의 최후 상태

가. 의인의 [상태]

의인은 새 예루살렘에서 영원하며(계 21:3-4), 완전하며(고전 13:12, 15:49), 평화로우며(마 25:46; 계 21:3), 거룩하며, 영화로운 삶(계 7:9-10)을 살게 된다.

나. 의인의 [처소]

의인의 영광의 부활체로 영원히 거할 곳은 새 하늘과 새 땅이다(계 21:1-4).

다. 악인의 [상태]

소극적으로는 하나님의 은총에서 끊어짐에 따라 영원한 행복을 잃고(마 8:12), 적극적으로는 영육간의 모진 고통을 영원히 받게 된다(계 14:10).

라. 악인의 [처소]

악인은 지극한 고통이 있는 지옥에 있게 된다: 막 9:48-49

(1) 영원히 불이 꺼지지 않는 장소: 막 9:48

(2) 의식과 기억이 그대로 있으면서 고통 당하는 곳: 눅 16:23-24

(3) 견딜 수 없는 고통이 계속되는 곳: 눅 16:23-28

(4) 어두운 곳, 빛이 없는 장소: 마 8:12, 22:13; 유 1:13

(5) 사랑하는 자와 영원히 결별되는 장소: 눅 13:28

(6) 전혀 소망이 없고, 다시 풀려나올 희망이 없는 장소: 마 25:46; 히 6:2

(7) 후회스러운 마음으로 괴로워하는 장소: 눅 16:27-28, 31

(8) 불만족스러운 상태가 계속되는 장소: 계 22:11

마. [사탄]의 상태와 처소

사탄은 악인처럼 지옥에서 유황불로 영원한 고통을 받는다(계 20:10).

종말론 이해를 위한 십계명

1. 깨어있을 것 – 마 25:13

2. 두려워 말 것 – 살후 2:1-3

3. 미혹받지 말 것 – 마 24:4-5

4. 환난을 참을 것 – 눅 21:19

5. 정결하게 살 것 – 롬 13:12-14

6. 재림을 사모할 것 – 계 22:20

7. 복음을 전할 것 – 마 24:14

8. 기도할 것 – 벧전 4:7

9. 힘써 모일 것 – 히 10:25

10. 재림을 대망하며 준비할 것 – 마 25장

청지기로서 종말에 대한 올바른 이해를 갖고, 주님의 재림을 소망하는 것은 바람직한 일입니다. 종말론을 공부한 후에 자신의 이해도와 믿음과 태도를 점검해 보십시오.

1. 다음 문장 중에서 맞으면 O표, 틀리면 X표 하라.

가. 개인적인 종말은 죽음이다.(　　)

나. 죽은 후에는 부활과 심판이 있다.(　　)

다. 이 세상의 종말은 예수님의 재림으로 시작된다.(　　)

라. 성경을 열심히 연구하면 예수님의 재림 시기를 알 수 있다.(　　)

마. 예수님의 재림 시기는 알 수 없기에 시한부 종말론은 잘못된 것이다.(　　)

바. 죽음으로 세상과 이별하지만, 새로운 삶이 시작되고, 영원하다.(　　)

2. 종말의 징조에는 O표, 아닌 것은 X표 하라.

· 거짓 그리스도의 출현 (　　　)　　　· 지진과 공기오염 (　　　)

· 인구 증가와 전쟁 (　　　)　　　· 과학의 발달 (　　　)

· 인간들의 변화, 배교, 탐욕 (　　　)　　　· 질병과 전염병 (　　　)

· 악의 범람 (　　　)　　　· 교회의 부흥 (　　　)

· 이스라엘 민족의 변화, 이스라엘의 회복 (　　　)

· 기롱하는 자의 출현 (　　　)

3. 성도는 어떻게 재림을 준비해야 하는가? (마 25:1-13, 14-30을 참조)

4. 다음 내용이 맞는 것끼리 연결하라.

가. 부활과 심판의 종류

- 부활의 확실성   · 고전 15:1-58

- 성도의 부활   · 살전 4:13-18

- 의인과 악인에 대한 심판   · 겔 20:33-38

- 상벌에 대한 심판   · 마 25:31-46

- 이스라엘에 대한 심판   · 고후 5:10-11

- 죽은 자에 대한 흰 보좌 심판   · 계 20:11-15

나. 성도들이 받을 면류관

- 썩지 않을 면류관   · 계 2:10

- 소망, 기쁨, 자랑의 면류관   · 벧전 5:2-4

- 의의 면류관   · 딤후 4:8

- 영광의 면류관   · 살전 2:19-20

- 생명의 면류관   · 고전 9:25

5. 의인(성도)이 거할 곳에는 "의"라고, 악인이 거처할 곳에는 "악"이라고 쓰라.

- (   ) 거룩한 성 새 예루살렘
- (   ) 견딜 수 없이 고통스러운 곳
- (   ) 눈물, 사망, 고통, 아픔이 없는 곳
- (   ) 사랑하는 자와 영원히 결별되는 곳
- (   ) 생명나무와 생명수의 강이 있는 곳
- (   ) 영원히 불이 꺼지지 않는 곳

경건한 생활

- Quiet Time이란 무엇인가?
- 큐티는 어떻게 하는가?
- 큐티는 어떻게 나누는가?
- 경건생활을 지속시키기 위한 훈련은 무엇인가?

제23과 경건한 생활

훈련목표

경건생활은 하나님과의 교제를 지속시켜주는 끈이다. 하나님과의 교제가 없을 때 우리는 하나님으로부터 멀어지기 쉽다. 본과는 큐티의 의미를 알려주며, 성경적인 큐티를 할 수 있도록 도와준다. 본과를 통해 바른 경건생활을 하게 되기 바란다.

"경건의 모양은 있으나, 경건은 없다"는 말씀은 오늘날 우리의 모습일 수 있다. 이것은 우리의 삶은 경건에 이르는 훈련이 필요하다는 말씀이다. 성경은 우리들에게 경건한 생활을 요구하며, 아울러 경건의 훈련을 쌓으라고 권고한다(딤전 2:1-2, 4:7, 6:11 ; 딛 2:12 ; 벧후 3:11-12).

아울러 우리는 남들이 마련해 놓은 밥상을 먹어 없애는 소비적 존재가 아니라, 남들이 먹을 수 있는 영의 양식을 함께 준비하고, 함께 나누는 생산적 존재가 되어야 한다. 남들이 마련한 영의 양식으로 살아가다가 혼자될 때, 영의 양식을 마련해주는 자가 없을 때, 우리는 어떻게 생존할 수 있을까? 청지기는 자신의 영의 양식을 만들 수 있어야 한다. 그 비결이 바로, 하나님의 말씀을 읽고, 말씀을 묵상하여 영적 만나를 먹으며, 다른 사람과 영적 은혜를 나누는 것이다. 이렇게 할 때 자신뿐만 아니라 교우들의 영적인 삶이 풍성해질 수 있는 것이다.

Quiet Time(큐티)이란 무엇인가?

큐티에 대한 오해들이 많이 있다. 큐티는 성경공부가 아니다. 큐티는 기도가 아니다. 큐티는 영성일기를 쓰는 것이 아니다. 큐티는 이 모든 것을 합친 것이며, 성도의 삶이며, 일상생활이다. 큐티는 크리스천들이 일상생활에서 하나님과 더불어 말하고 듣는 시간을 말한다. 하나님께서 생명과 진리와 기쁨의 근원이 되신다는 것을 믿는다면, 매일 하나님과 함께하는 시간을 갈망하는 것이 당연한 것이다.

주님을 구주로 영접하고 주님과 인격적인 관계를 맺은 사람(요 1:12; 요일 5:12; 엡 1:7; 고전 12:3), 예수 안에서 더욱 성장하기 원하는 사람(엡 4:13)은 큐티를 해야 한다.

1. 큐티에 대한 올바른 [이해]

큐티는 하나님으로부터 지도를 받는 것이다. 하나님을 더욱 사랑하고, 하나님을 인격적으로 더욱 알아가는 것이다. 하나님을 닮아가는 것이다.

큐티, 명상, 어떻게 부르든지 간에, 이것은 하나님과 함께하는 장소와 공간이다. 우리는 우리의 삶을 엮어감으로, 하나님과 함께할 수 있을 것이다. 이 시간에 우리의 마음이 하나님을 찾고(하나님을 가까이하라, 내가 너희를 가까이 하리라), 우리 자신을 하나님의 뜻에 맡길 수 있다. 하나님과 함께하기 위해서 기도와 말씀 연구를 하기도 하고, 영성일기를 쓰기도 하고, 어떤 이는 침묵과 찬양의 시간을 포함시키기도 한다. 큐티 시간에 무엇을 하든지, 우리 자신을 십자가의 은혜 앞에 드려서, 주님께서 우리를 위해서 마련해주신, 하나님께 가까이 나아가는 즐거움을 누려야 한다.

가. 큐티는 하나님을 아는 [즐거움]이다.

물론 하나님에 대해서 아는 것(knowledge about God)과 하나님을 아는 것(knowledge of God)은 구분되어야 하지만, 하나님을 알게 되어 누리는 즐거움이 큐티의 즐거움이다. 큐티에서 근본적인 문제는 '내가 하나님을 만나고 있는가?' 이다. 많은 성도들이 하나님에 대해서 알고 있지만, 하나님을 만나고 있지는 않다.

나. 큐티는 하나님의 [임재]이다.

하나님께서 우리와 함께하심을 느낄 수 있다. 주님께서 우리와 함께하심은 성도의 특권이다. 예수님은 탄생하기도 전에, 임마누엘(하나님이 함께하신다)이라는 이름으로 불렸다. 주님께서 사도들에게 또 우리에게, "고아와 같이 버려 두지 않으신다"고 약속하셨다(요 14:15-21). 또 마태복음의 마지막 말씀은 우리와 세상 끝까지 함께하시겠다는 약속이다(마 28:20). 이것은 추상적인 약속이 아니며, 지성적인 아이디어도 아니다. 그렇다고 이색적이고 신비스러운 경험도 아니다. 이것은 단순히 관계의 문제이다. 하나님은 하나님께서 우리와 함께하심을 우리가 깨닫기 원하신다. 이것을 올바로 깨닫고 그대로 살아간 사람이 모세인데, 하나님께서는 모세에게 "내가 친히 가리라 내가 너로 편케 하리라"(출 33:14-16) 하셨다. 그렇다면 우리가 어떻게 하나님의 임재를 깨달을 수 있겠는가? 우리는 영으로 깨달을 수 있다.

다. 큐티는 영적인 [깨달음]이다.

큐티는 우리가 말씀을 읽고 묵상하여 깨달은 영적 양식이다. 아울러 깨달아 이 영적 양식을 생산하고, 함께 나누는 과정이며 즐거움이다.

2. 큐티에 대한 성경적 [근거]

가. 오직 경건에 이르기를 연습하라(딤전 4:7).

나. 여호와의 율법을 연구하고, 준행하며, 가르치라(스 7:10).

다. 성결한 삶을 위하여 주의 말씀을 묵상하고, 마음에 두며, 즐거워하고 잊지 말아야 한다(시 119:9-16).

라. 그리스도께서 기뻐하시는 가장 기본적인 사역이다(눅 10:39-42).

마. 성경을 먼저 공부해야 하기 때문이다(딤후 3:16-17).

바. 하나님의 말씀으로 우리를 감찰해야 한다(히 4:12).

사. 성도들의 소원이다(빌 1:20-21).

아. 가장 중요한 일이다(빌 3:7-12).

자. 가르치고, 선포할 내용이다(고전 1:17-25).

차. 복음을 전할 수 있는 비결이다(고전 2:1-5).

카. 하나님의 날이 임하기를 사모하는 생활이다(벧후 3:11-12).

타. 이 세상을 사는 비결이다(딛 2:12).

파. 하나님의 사람으로서 지켜야 할 자세이다(딤전 6:11).

하. 고요하고 평안한 생활을 위한 비결이다(딤전 2:1-2).

3. 큐티의 [종류]와 [장단점]

큐티 형태는 (1) 비정기적으로 가끔 하는 큐티, (2) 정기적으로 하는 큐티, (3) 말씀을 연구하는 큐티, (4) 말씀을 명상하는 큐티, (5) 적막한 곳에서 하는 큐티 등 여러 가지로 나눌 수 있는데, 보통 개인적인 큐티로서의 말씀 연구에 초점이 맞춰져 있다. 하지만 큐티의 종류에 따라서 장점과 단점이 있으며, 개인에게 맞는 큐티 방법을 찾되, 필자는 명상적인 큐티를 권한다.

구 분	비정기적으로 하는 큐티	정기적으로 하는 큐티	말씀을 연구 하는 큐티	말씀을 명상 하는 큐티	적막한 곳에 서하는 큐티
성경	건너뛰고, 실험 적으로 한다.	정기적이고, 일상적이다.	초보적인 관심	여유있는 묵상	건조함
기도	간략하고, 서두르고, 의무적이다.	중보, 감사	중보, 감사	듣기, 침묵, 중보, 경배	공허함, 강압적임
감정	우왕좌왕한다.	만족한다.	만족한다.	기다림, 간구함, 만족, 두려움, 기쁨, 포근함, 따뜻함	무미건조함, 좌절감
빈도	어쩌다 한 번	정기적	정기적	정기적	정기적
위험성	하나님 중심이 아니다.	율법주의, 자기만족	학구적, 기도 시간이 적다.	그곳에 안주하 기 원한다	포기
유익성	안 하는 것보다 낫다.	수양의 성장	말씀 안에서 성장.	하나님을 즐거워함	욕망으로부 터의 분리

4. 큐티의 [유익]

가. 하나님은 누구이며(절대자), 내가 누구인가를 알기 위해서이다.

나. 일용할 양식을 취하기 위해서이다.

다. 하나님의 인도(시 119:105)와 보호(시 119:133)를 받기 위해서이 다.

라. 주님의 성품과 인격과 삶을 본받기 위해서(딤전 4:15; 딤후 1:13; 고전 4:16; 살전 1:6)이다.

마. 주의 사역을 감당하기 위해서(눅 5:15-16; 막 1:35)이다.

5. 큐티 기록(영성일기, 저널, 팡세)으로 얻는 〔유익성〕

가. 깊은 묵상을 하도록 훈련시켜 준다.

나. 적용을 이끌어 내기 쉽다.

다. 영적 감격을 보존하고, 시간이 지나 영적으로 후퇴하였을 때에도
새로운 도전을 받을 수 있다.

라. 자신을 평가하는 거울이 된다.

6. 큐티의 기본적인 4대 요소

가. 〔시간〕: 하나님과 특별히 약속한 일정한 시간. 이는 하나님과 교
제하는 시간이다. 개인적으로는 아침시간이 좋고, 가족으로는 가족이 모
일 수 있는 시간이 좋다.

나. 〔장소〕: 하나님과 약속한 곳. 약속하고 쉽게 변경되지 않을 가능
성이 있는 장소, 일정한 장소가 좋다. 직장보다는 가정에서 한 곳을 정하
는 것이 좋다.

다. 〔말씀〕: 나의 선택이 아니고, 타인에 의해서 선택된 말씀이다. 교
역자나 교단에서 제시해준 말씀, 곧 주어진 말씀이 좋다.

라. 〔기도〕: 드리는 기도와 하나님의 응답과 지시를 듣는 기도를 드릴
수 있어야 한다.

큐티는 어떻게 하는가?

1. 성공적인 큐티 〔방법〕

큐티는 개인적인 차이 때문에 꼭 이렇게 해야 한다는 원칙은 없지만, 개인에게 적합한 [방법]을 찾는 것이 좋다.

가. 올바른 [자세]로 시작하라.
· 만유의 왕이시며, 나의 사랑하는 아버지와 함께하는 시간으로 더욱 영광스러워지기를 기대하라.
· 하나님의 임재하심에 경외함으로 나아가라. 서두르지 말고, 침묵에 이르도록 충분한 시간을 가지라.
· 깨어 있으라. 먼저 잠에서 완전히 깨어나라. 잠을 충분히 자서 큐티에 집중할 수 있도록 하라.
· 하나님의 말씀에 순종하도록 최선을 다하되, 그것이 무엇이든지 간에 최선을 다하라.

나. 혼자 있을 수 있는 [장소]를 선택하라. 큐티는 어느 면에서 장소와 싸우는 것이다. 장소를 잘못 선택하면 성공할 수 없다.

다. 깨어 있을 수 있는 [시간]을 선택하라. 큐티는 나와 싸우며, 장소와 싸우며, 또 시간과 싸우는 것이다. 졸린데도 억지로 큐티를 하지 말고, 피로하면 휴식을 취하고, 졸리면 잠을 자라. 비몽사몽간에 큐티하다가 엉뚱한 계시를 받았다고, 신비한 환상을 보았다고, 음성을 들었다고 말하지 말라. 온전히 깨어서 큐티하라.

라. 체계적이지만 융통성을 유지하는 [균형]을 잡으라. 큐티시간에 말씀연구와 기도시간을 균등하게 나누어서 균형을 유지하라. 하루는 기도만 하고, 하루는 성경만 읽는 불균형은 균형있는 큐티가 아니다.

마. 자신을 (훈련)시키라. 사탄은 온갖 이유를 들어서 큐티를 하지 못하도록 만들려고 한다. 너무 지쳤다는 생각으로 하나님과의 만남을 방해한다. 아무리 지쳐도 큐티할 정도의 힘은 있다. 힘이 없다고 생각되면, 온갖 장애물을 이길 수 있는 용기를 달라고, 충분한 휴식을 달라고, 하나님과의 약속을 지킬 수 있도록 도와달라고 간구하라. 기도하지 않으면 시간은 계속해서 밤늦게까지 일거리를 만들어서 지치게 만들고, 결국 큐티를 하지 못하게 만든다. 이런 면에서 큐티는 자기 자신과 싸우는 것이다.

바. 자신의 큐티가 (무미건조)해졌다고 여겨지면 다음을 실천해보라.
(1) 충분한 휴식을 취하라.
(2) 불순종의 이유를 자신에게서 찾으라.
(3) 서두르지 말라.
(4) 불필요한 만남이나 습관을 피하라.
(5) 본인이 받았던 은혜들을 다른 사람들에게 말하라.

2. 큐티를 강하게 실천하는 방법: Press

가. P: 큐티 전에 주께 맡기는 기도를 드린다.
나. R: 성경말씀을 읽는다.
다. E: 성경말씀을 주의 깊게 묵상한다.
라. S: 묵상한 말씀을 다시 하나님께 드린다.
마. S: 큐티한 말씀을 다른 사람과 함께 나눈다.

3. 큐티의 순서(영적 성장을 위하여 균형있게 조화를 이루라)

가. (찬양) - 찬양은 하나님께 나아가기 위한 마음의 준비이다.

나. (말씀) (두세 번의 정독) - 말씀을 듣는 시간으로 활용하라.

다. 말씀의 (요약) - 본문을 통하여 하나님은 어떤 분이신지를 찾아 기록해야 한다.

라. 말씀의 (의미) 파악 - 본문이 우리에게 무엇을 말하고 있는가를 찾고, 말씀을 통하여 고백해야 할 죄, 실천해야 할 행동과 하나님의 명령과 약속을 찾아 기록한다.

마. 적용(삶에 적용) - 구체적으로 적은 부분까지 적용, 적용이 없는 묵상은 열매맺지 못한다.

바. 결심(기도) - 이는 큐티의 절정이므로, 순종과 충성과 겸손한 마음으로 회개하는 기도문을 작성한다.

사. 나눔(Sharing) - 그 날에 깨달은 은혜를 다른 사람과 나눌 때, 은혜의 깊이와 넓이가 더해진다.

4. 큐티의 (적용) 방법

말씀을 지식적으로나 도덕적으로만 알고 현재의 나의 삶과 문제에 적용하지 않으면 하나님과의 만남은 무의미하다.

가. 적용은 말씀에서 받은 감동을 그대로 실천하는 것이다.

나. 묵상이 잘 익으면 그것이 적용이 되며, 여건만 주어지면 나타난다.

다. 적용을 통해 내 심령에 하나님의 말씀이 살아 있음을 증명한다.

라. 적용할 때는 삶의 주체나 동기가 '나'가 아니라, '성령'이 되어야 한다.

마. 적용할 때에 나의 유익과 타협하는 것과 남에게 적용하는 것을 피하라.

바. 무엇이든 지금 당장 적용하려고 하지 말라. 지나친 적용에도 무리
　　가 있을 수 있다.

사. 솔직하고 겸손하게 하나님의 상황으로 자꾸 나아가야 한다.

아. 바람직한 적용은 (1) 개인적(Personal)이고, (2) 구체적(Practical)
　　이고, (3) 가능해야(Possible) 한다.

5. 큐티할 때 주의할 점

가. 큐티를 최우선 순위에 두라. 하나님을 만나는 일보다 더 급하거나,
　　더 중요한 일은 없다. 큐티는 나와 하나님과의 약속이다.

나. 큐티는 공부가 아니라 훈련이며, 만남이다.

다. 큐티는 만나를 먹는 것이므로, 욕심내지 말고 적당한 양만큼만 하
　　도록 한다. 교재로 큐티를 한다면 하루 분량만 하라.

라. 힘든 작업이므로 생활화될 때까지는 욕심부리지 말고, 실망하거나
　　포기하지 않도록 해야 한다.

마. 큐티의 위험성을 깨닫고 조심하라. 큐티를 하는 사람들은 (1) 교만
　　해지기 쉽고, (2) 성경의 성격을 제대로 이해하지 못 하고, 성경이
　　교재가 아니라 하나님의 말씀이라는 사실에서 벗어날 수 있으며,
　　(3) 감동을 얻기 위한 수단으로만 이용하기 쉽다.

큐티는 어떻게 나누는가?

1. 큐티를 나누는 [목적]

가. 그리스도의 증인이 된다.

나. 서로 도우며 진정한 기도의 동역자가 된다.

다. 서로 영적 상태를 점검해 주므로, 계속해서 큐티를 할 수 있도록
   도와준다.

라. 다른 사람의 간증을 통해서 주님의 사랑에 대한 시야가 넓어진다.

2. 지켜야 할 (규칙)

가. 서로의 비밀을 보장한다.

나. 정직하고 과장이 없는 사실 그대로의 나눔이어야 한다.

3. (나눔)의 방법과 조심할 점

가. 찬송과 기도로 시작한다.

나. 한 주간 동안 가장 은혜로웠던 점과 적용을 통한 하나님의 사랑을
   나눈다.

다. 시간을 잘 분배한다.

라. 자신에게 닥친 문제를 솔직하게 나눈다.

마. 정답이 없으므로 남의 큐티를 비판하지 않는다.

바. 친교는 큐티 나눔이 끝난 후에 가진다.

경건생활을 지속시키기 위한 훈련은 무엇인가?

훈련이 있어야 큐티가 살아 움직이고, 경건생활을 지속할 수 있다. 경

건생활을 지속하기 위한 여러 가지 자료들이 시중에 나와있고, 좋은 책자도 많이 있지만, 리처드 포스터(Richard Foster)가 지은 「영적 훈련과 성장」(*Celebration of Discipleship*)이란 책이 한국어로 번역되어 있는데, 좋은 안내서가 될 것이다. 리처드 포스터가 소개하는, 경건생활을 성공적으로 지속하기 위한 안내는 다음과 같다.

1. (내적) 훈련: 나 자신과의 문제

가. 묵상 훈련 – 침묵하는 훈련이며, 되새기는 훈련이다.

나. 기도 훈련 – 드리는 기도와 듣는 기도의 훈련이다.

다. 금식 훈련 – 영성을 위하여 자기를 죽이며, 부인하며, 정욕의 근거를 버리는 훈련이다.

라. 말씀 연구 훈련 – 말씀 연구를 체질화시키는 훈련이다.

2. (외적) 훈련: 나와 너의 문제

가. 소박한 삶(simple life) 훈련 – 세속적이고 물질적인 삶이 아닌 경건한 삶의 비결이다.

나. 고독 훈련 – 홀로 있는 훈련이다. 사람보다는 하나님과 함께 있는 시간이다.

다. 순종 훈련 – 부모, 남편, 아내, 교회의 권위에 대한 순종을 체질화시키는 훈련이다. 보이는 사람에게 순종하지 못하는 자가 어떻게 보이지 않는 하나님께 순종하겠는가?

라. 섬기는 훈련 – 어떤 곳에서도, 어떤 경우에도, 어느 누구라도 섬기는 훈련이다.

3. 〔공동체〕 훈련: 나와 우리의 문제

가. 고백하는 훈련 – 하나님 앞에서 뿐만 아니라 가르치는 자와 배우는
   자 앞에서도 고백하는 훈련이다.

나. 인도 훈련 – 가르쳐 지키게 하고, 이웃에게 안내하고, 지도하는 훈
   련이다.

다. 나눔의 훈련 – 좋은 것, 나쁜 것, 잘한 것, 잘못한 것 등을 모두 함
   께 나누는 훈련이다.

라. 축제 훈련 – 즐거움의 훈련이다. 하나님은 인생을 즐겁게 살도록
   하셨다. 주일은 늘 축제일이어야 한다.

경건한 생활을 위한 십계명

1. 경건에 이르기를 연습하고 훈련을 쌓으라: 딤전 2:1-2, 4:7, 6:11; 딛 2:12;
   벧후 3:11-12

2. 주님과 인격적인 관계를 맺으라: 요 1:1; 요일 5:13; 엡 1:7; 고전 12:3

3. 계속해서 성장하기를 갈망하라: 엡 4:13.

4. 하나님을 가까이 하는 것에 최선을 다하라: 약 4:8

5. 성결한 삶을 위하여 주의 말씀을 묵상하고 즐거워하라: 시 119:9-16

6. 주님의 성품과 인격과 삶을 본받도록 힘쓰라: 딤전 4:15; 딤후 1:13; 고전
   4:16

7. 큐티를 통해서 주의 사역을 담당하라: 눅 5:15-16; 막 1:35

8. 여호와의 율법을 연구하고, 준행하며, 가르치라: 스 7:10

9. 불필요한 만남이나 습관을 버리라: 엡 4:22

10. 혼자 있을 수 있는 시간과 장소를 선택하고 유지하라: 마 14:13-23

청지기로서 경건한 삶이 이루어지지 않는다면, 자신에게는 물론이고 가족에게, 또 교우들에게 불행입니다. 다음 사항을 점검해보면서, 자신을 평가해보고 지속적인 경건생활을 이루십시오.

1. 다음 문장 중에서 맞으면 O표, 틀리면 X표 하라.

가. 큐티는 하나님을 아는 즐거움이다. ( )

나. 큐티는 하나님의 임재이다. ( )

다. 큐티는 성경공부이다. ( )

라. 큐티는 영적인 깨달음이다. ( )

2. 성공적인 큐티를 위해서 나는 어떻게 하고 있나? (%)

가. 경건에 이르기를 연습하고 있다.　　20　40　60　80　100

나. 여호와의 율법을 즐겁게 연구하고, 준행하며, 가르친다.

　　　　　　　　　　　　　20　40　60　80　100

다. 성결한 삶을 위하여 말씀을 묵상, 즐거워한다.

　　　　　　　　　　　　　20　40　60　80　100

라. 올바른 자세로 큐티를 시작한다.　　20　40　60　80　100

마. 큐티를 위해서 혼자 있을 수 있는 시간과 장소를 유지한다.

　　　　　　　　　　　　　20　40　60　80　100

바. 충분한 휴식 후, 깨어 있는 시간에 큐티를 하고 있다.

　　　　　　　　　　　　　20　40　60　80　100

사. 체계적이지만 융통성을 유지하고 균형을 잡고 있다.

　　　　　　　　　　20　40　60　80　100

아. 큐티를 서두르거나 대강대강 하지 않는다.

　　　　　　　　　　20　40　60　80　100

자. 불필요한 만남이나 습관을 피하고 있다.

　　　　　　　　　　20　40　60　80　100

차. 본인이 받은 은혜를 다른 사람과 나누고 있다.

　　　　　　　　　　20　40　60　80　100

카. 결코 먼저 하지도 않고, 지난 것을 붙들고 씨름하지도 않는다.

　　　　　　　　　　20　40　60　80　100

타. 나의 최우선 순위는 주님을 만나는 것이다.

　　　　　　　　　　20　40　60　80　100

---

3. 성공적인 경건생활을 지속적으로 유지하기 위해서 어떻게 하고 있나?

가. 묵상 훈련: 침묵하는 훈련이며, 되새기는 훈련

　　　　　　　　　　20　40　60　80　100

나. 기도 훈련: 드리는 기도와 듣는 기도의 훈련

　　　　　　　　　　20　40　60　80　100

다. 금식 훈련: 자신을 부인하며, 정욕의 근거를 버리는 훈련

　　　　　　　　　　20　40　60　80　100

라. 말씀 연구 훈련: 말씀 연구를 체질화시키는 훈련

　　　　　　　　　　20　40　60　80　100

마. 소박한 삶 훈련: 세속적이고 물질적인 삶이 아닌 삶을 훈련

　　　　　　　　　　20　40　60　80　100

바. 고독 훈련: 홀로 있는 훈련. 하나님과 함께하는 훈련

　　　　　　　　　　20　40　60　80　100

사. 순종 훈련: 부모, 남편, 아내, 교회의 권위에 대한 순종 훈련

　　　　　　　　　　20　40　60　80　100

아. 섬기는 훈련: 어느 곳, 어느 때, 어느 누구라도 섬기는 훈련

　　　　　　　　　　20　40　60　80　100

자. 고백 훈련: 하나님, 선생님, 배우는 자 앞에서 고백하는 훈련

　　　　　　　　　　20　40　60　80　100

차. 인도 훈련: 가르쳐 지키게 하고, 이웃을 안내 및 지도하는 훈련

　　　　　　　　　　20　40　60　80　100

카. 나눔 훈련: 좋건 나쁘건, 잘했건 잘못했건 간에 함께하는 훈련

　　　　　　　　　　20　40　60　80　100

타. 축제 훈련: 즐거움의 훈련　　　20　40　60　80　100

---

4. 큐티를 위한 나의 결심

1. 나는 매일 ＿＿＿ 시 ＿＿＿ 분에 ＿＿＿＿＿＿＿ 에서 주님과 만날 것을 약속한다.

2. 나는 ＿＿＿＿＿ , ＿＿＿＿＿ , ＿＿＿＿＿ 와 큐티를 나누고 있다. 혹은 나누겠다.

3. 나는 내가 하는 큐티가 성공할 것으로 확신한다.

제 24 과

청지기 생활

· 청지기의 원리

· 청지기의 사명

제24과 청지기 생활

훈련목표

우리는 하나님의 질그릇이다. 하나님께서는 각자에게 재능을 주시고, 열심히 일하도록 하셨다. 본과를 통해서, 하나님의 청지기 된 나는 과연 어떤 청지기인가 살펴보고, 어떻게 해야 하나님께 칭찬받는 청지기가 되는지 살펴보기 바란다.

하나님께서는 이 땅에서 충성된 자를 찾으신다(시 101:6). 우리는 그리스도 안에서 하나님의 선한 일을 위하여 지으심을 받은 자들이기에(엡 2:10), 하나님께서는 우리에게 일을 맡기시며, 하나님의 일을 맡은 청지기가 죽도록 충성하면 생명의 면류관을 주실 것을(계 2:10) 약속하셨다.

청지기의 원리

- 출애굽기 3-4장을 중심하여 -

1. 나는 [청지기] 인가? - 나는 누구입니까? (출 3:11)

가. 하나님은 [주인] 이시다: [자기 부정]

하나님은 창조주이시고(창 1:1; 요 1:3), 소유주이시고(시 24:1; 마

21:41), 섭리주 되시며(마 6:30), 심판주(벧후 3:12) 되신다.

나. 우리는 [청지기]이다: [자기 긍정]

우리는 관리자(마 25:27; 눅 16:8), 분배자(눅 12:42), 봉사자(벧전 4:10), 위탁자(창 2:15; 고전 4:1)된 일꾼으로서 청지기이다(고전 3:7-9).

다. 하나님은 [일꾼]을 찾으신다(겔 22:30; 삼상 3:4): [소명 의식]

· 주인을 위해서 열심히 일해야 한다.

· 감사한 마음으로 일해야 한다.

· 주님께 영광을 돌려야 한다.

· 믿음으로 충성해야 한다.

라. [일꾼]이 가져야 할 의식(고전 15:9-11; 딤전 4:7-8): [결산 의식]

· 지극히 작은 자, 주인의 대리자로 여겨야 한다.

· 결산 때가 있음을 알아야 한다.

2. 나는 [주인을] 알고 있는가? - 당신은 누구십니까? (출 3:13)

나를 청지기로 부르신 분이 누구신가에 대한 답변은 준비되었는가?

모세를 이스라엘의 지도자로 부르시는 하나님에게 모세는 "당신은 누구십니까?"라고 질문하는데 하나님은 "나는 스스로 있는 자니라", "나는 너희 조상의 하나님, 곧 아브라함의 하나님, 이삭의 하나님, 야곱의 하나님"이라고 답변하신다. 이 질문은 "나의 하나님은 어떤 하나님인가? -

주인은 누구신가?"로 재해석하여 대답해야 한다.

　　가. 아브라함의 하나님은 어떤 하나님인가? — 믿음의 조상의 하나님,
　　　　모든 민족을 구원하시는 하나님

　　나. 이삭의 하나님은 어떤 하나님인가? — 인도하시는 하나님, 축복의
　　　　하나님

　　다. 야곱의 하나님은 어떤 하나님인가? — 약속을 성취하시는 하나님,
　　　　민족을 이루게 하시는 하나님

3. 나는 주인이 (원하는 것)을 알고 있나? - 왜 내가 가야 합니까?

　　하나님은 모세에게 애굽으로 돌아가서 이스라엘 백성을 인도해내라고
명령하시는데, 모세는 "왜 내가 가야 합니까?"라고 반문한다. 하나님께
서는 바로 우리에게 "애굽으로 돌아가서 이스라엘을 구원하라"고 명령하
신다. 성경은 청지기들에게 필요한 것은 "죽음을 각오한 충성"(계 2:10)
이라고 말씀하신다.

4. 나는 (무엇)을 남겼나? - 아직 남긴 것이 없다면 무엇을 남길 것인가?

　　내가 남길 유산은 무엇인가? 청지기는 무엇인가를 남기는 일을 해야
하는데, 하나님의 직분을 맡은 청지기로서, 몸과 시간과 재물의 청지기
로서, 복음과 은사와 교회의 청지기로서, 가정의 청지기로서 내가 남겨
야할 것이 무엇인가를 살펴야 한다. 청지기는 교회와 가정과 사회에 (1)

믿음의 유산 (2) 사랑의 유산 (3) 물질의 유산을 남겨야 한다. 전도를 많이 하고 양육해서 믿음의 자녀들로 서게 하고, 온 가족과 친척을 복음화해서 교회의 청지기로 세워야 한다. 아울러 개척교회의 설립, 기념교회 설립, 기념관 설립, 장학재단 설립 등 구체적인 물질의 유산도 남겨야 한다.

청지기의 사명

1. (몸)의 청지기(롬 12:1-20)

나 자신의 몸은 내 것이 아니고, 주께 드려야 할 몸, 영광을 돌려야 할 몸이다. 청지기의 생활은 성결해야 한다.

가. 봉사의 동기(벧전 5:2) – 즐겁게, 자원하는 마음으로.
나. 봉사의 정신(빌 2:2-4) – 영광스럽게, 기쁨으로, 그리스도의 정신으로.
다. 봉사의 보상(요 13:17) – 하나님의 축복.

2. (시간)의 청지기(엡 5:15-16)

시간은 하나님이 주신 가장 공평한 선물이므로 아껴서 활용해야 한다. 또 시간은 쓰지 않아도 없어지며, 한 번 잃으면 다시는 찾을 수 없다.

가. 일반적인 시간 – 순간적이며(약 4:14; 욥 7:6), 현재적이며, 제한

적이며, 끝이 있다.

나. 성경적인 시간 – 시작도 끝도 없이 영원하며, 7일 중 1일은 하나님
  께 드려야 한다.

다. 안식일 – 휴식하는 날(창 2:1-3), 예배하는 날(시 29:1-2), 선행하
  는 날(요 5:1-10), 은혜 받는 날(고후 6:2). 안식일을 지키면 높이
  시고, 물질, 건강, 장수를 하나님께서 주신다(사 56:4-8).

3. 〔재물〕의 청지기(신 10:14; 레 25:23; 눅 12:13-21)

신약의 60%가 재물에 관한 이야기이다. 누구나 이 세상에서 재물과 떨
어져 살 수 없다. 그러나 현대인들은 재물과 관계된 이야기는 신령치 못
한 것으로 여기면서도, 자신을 물질에 대한 욕심으로 채우려고 힘쓴다.

가. 물질은 누구의 것인가? – 현대인들은 "조금만 더"라고 외친다.

나. 물질은 어떻게 사용되어야 하나? – 복음 전파와 영적인 일을 위하
  여.

다. 헌금은 무엇인가? – 하나님의 명령, 감사행위, 신앙고백, 예배행
  위, 헌신의 표, 청지기직의 표, 하나님의 사역에 동참하는 표, 하늘
  에 재물을 쌓는 행위이다.

4. 〔복음〕의 청지기

가. 복음을 알아야 한다 – 청지기는 복음의 핵심을 마음에 갖고 있어야
  한다.

나. 복음을 믿어야 한다 - 믿음은 예수님을 영접, 의탁, 말씀을 듣는 것
이다.

다. 복음대로 살아야 한다 - 가정에서, 사회에서, 은밀한 곳에서 그렇
게 해야 한다.

라. 복음을 전해야 한다 - 전도는 지상명령이며, 당연한 사명이다.

5. 〔은사〕의 청지기

가. 성령 은사(고전 12:4-7) - 각 사람과 교회의 유익을 위하여 하나님
께서 주시는 선물이다.

나. 은사의 내용 - 롬 12; 고전 12; 엡 4; 벧전 4장을 참고하라.

다. 은사를 주신 목적 - 일하기 위해서이다(은혜는 구원을 위해서이
다).

라. 은사의 개발 - 발견한 은사로 봉사한다.

6. 〔가정〕의 청지기

가. 가정의 중요성 - 우리 집이 최고다. 또한 우리 가족들을 최고로 여
기라.

나. 이상적인 가정의 요소 - 성숙성, 조화성, 봉사성, 영성 등이다.

7. 〔교회〕의 청지기

가. 주님의 몸된 교회 - 주님이 기초이며, 주인이시다(이놈의 교회가
아니다).

나. 주님이 사랑하시는 교회 – 우리도 당연히 사랑해야 한다.

다. 주님이 보양하시는 교회 – 우리도 당연히 그래야 한다.

8. 〔말씀〕의 청지기(딤전 4:7-8): 청지기와 QT

가. QT에 대한 바른 이해

(1) 하나님을 아는 것(knowing God)과 하나님에 대해서 아는 것 (Knowing about God)은 다르다.

(2) 말씀을 듣는 훈련과 말씀을 생활 속에 적용하는 훈련이다.

(3) 그리스도께서 가장 기뻐하시는 사역(눅 10:39-42).

나. QT를 해야 하는 이유

(1) 하나님은 누구이며(절대자), 내가 누구인가를 알기 위해서이다.

(2) 일용할 양식을 취하기 위해서이다.

(3) 주님의 성품과 인격과 삶을 본받기 위해서(to imitate Christ: 고전 4:16; 살전 1:6; 딤전 4:15)이다.

(4) 주의 사역을 감당하기 위해서(눅 5:15-16; 막 1:35)이다.

다. QT을 실천(Press)하는 방법

(1) P: QT 전에 주께 맡기는 기도를 드린다(Pray for a moment).

(2) R: 성경말씀을 읽는다(Read His Word).

(3) E: 성경말씀을 주의 깊게 묵상한다(Examine His Word).

(4) S: 묵상한 말씀을 다시 하나님께 드린다(Say back to God).

(5) S: QT한 말씀을 다른 사람과 함께 나눈다(Share with others).

라. 말씀의 적용

(1) 적용은 말씀에서 받은 감동을 그대로 실천하는 것이다.

(2) 묵상이 잘 익으면 그것이 적용이 되며, 여건만 주어지면 나타난다.

(3) 적용을 통해 내 심령에 하나님의 말씀이 살아 있음을 증명한다.

(4) 적용할 때는 삶의 주체나 동기가 '나'가 아니라, '성령'이 되어야 한다.

(5) 적용할 때는 나의 유익과 타협하는 것과 남에게 적용하는 것을 피하라.

(6) 무엇이든지 지금 당장 적용하려고 힘쓰는 지나친 적용에도 무리가 있을 수 있다.

청지기 생활을 위한 십계명

1. 하나님을 알고 나를 알라.

2. 교회와 관계를 맺고 소속감을 가지라.

3. 예배에 충실히 참여하며, 교회 일에 적극적으로 협조하라.

4. 진리를 분별할 줄 알라.

5. 유언장을 살필 줄 알라.

6. 그날이 가까이 옴을 깨달아, 내가 사는 때를 인식하라.

7. 결산/심판이 있음을 알라.

8. 오직 경건에 이르기를 연습하라(딤전 4:7)

9. 성결한 삶을 위하여 - 말씀을 묵상하고, 즐거워하고, 잊지 말라(시 119:9-16).

10. 교회와 목사를 위하여 열심히 기도하라.

청지기로서 24과를 공부한 후에, 솔직한 마음으로 자신을 돌이켜보며, 자신을 평가해 보시기 바랍니다. 하나님 앞에서, 교회 앞에서, 목회자 앞에서, 교우들 앞에서 한 점 부끄러움이 없고, 결산의 날에 영광된 면류관을 받는 청지기가 되기를 바랍니다.

1. 나는 어떤 청지기인가?

가. 주인 앞에서 '자기 부정'이 있는가? (%)

20 40 60 80 100

나. 맡은 직분을 위한 '자기 긍정'이 있는가?

20 40 60 80 100

다. 직분을 위해 부름받은 '소명의식'이 분명한가?

20 40 60 80 100

라. 결산 때가 있음을 늘 명심하는가? 20 40 60 80 100

2. 나는 주인에게 어떻게 하고 있나?

가. 나는 주인을 잘 알며, 잘 섬기고 있다.

20 40 60 80 100

나. 나는 주인을 위해서 죽도록 충성하고 있다.

20 40 60 80 100

3. 내가 남길 유산은 무엇인가? (구체적으로 적으라)

　　가. 믿음의 유산은?

　　나. 사랑의 유산은?

　　다. 물질의 유산은?

4. 나는 어떠한 청지기 생활을 하고 있나?

　　가. 몸의 청지기 – 성결한 생활은?　　20　40　60　80　100

　　나. 시간의 청지기 – 경건생활은?　　20　40　60　80　100

　　다. 재물의 청지기 – 물질생활은?　　20　40　60　80　100

　　라. 복음의 청지기 – 전도생활은?　　20　40　60　80　100

　　마. 은사의 청지기 – 봉사생활은?　　20　40　60　80　100

　　바. 가정의 청지기 – 화목한 생활은?　　20　40　60　80　100

　　사. 교회의 청지기 – 직분생활은?　　20　40　60　80　100

권말부록

※ 가, 나, 다 번은 p.91-92에 있음.

라. 대한 예수교 장로회(합동)

교육 이념

· 하나님의 영광을 높이는 교육

· 하나님의 교회를 섬기는 교육

· 하나님의 사랑을 실천하는 교육

교육 목적

정확무오한 하나님의 말씀인 성경과 천지 만물의 주재이신 삼위일체 하나님을 알게 하고, 개혁주의적인 기독교 세계관을 바로 정립하여, 교회와 세상의 모든 활동의 영역에서 예수를 닮은 성숙한 그리스도인으로서의 삶을 살게 하며, 복음을 통하여 구원에 이르게 한다.

마. 대한 예수교 장로회(고신)

교육 이념

· 개혁주의 정신에 입각하여 웨스트민스터 표준서들(신앙고백, 대·소교리문답, 교회정치, 예배지침 및 권징조례)을 따라 하나님을 사랑하고 이웃을 사랑하는 그리스도인을 양성한다.

교육목적

· 성경을 가르쳐

1. 삼위일체 하나님을 바로 알고, 사랑하며, 섬기게 한다(예 배적 인격).

2. 하나님의 형상인 사람을 이해하고, 사랑하며, 돕고, 그리스 도를 전하게 한다(인화 협동적 인격).

3. 자기의 존재의 의의와 특수한 사명을 자각하여 자기가 선 자리에서 맡은 일에 충성하게 한다(문화적 인격).

위와 같은 그리스도인을 양성하여, 신앙의 정통과 생활의 순결을 겸비케 한다.

바. 기독교 하나님의 성회(순복음)

순복음 교육은 하나님의 형상을 상실한 인간들에게 예수님의 십자가를 통하여 자신의 모습을 보고, 창조주요 섭리자요 구속주이신 하나님을 인격적으로 만나 모셔들이게 함으로써, 십자가 위에서 이룩하신 예수 그리스도의 온전한 구원에 이르게 하고, 그리스도의 몸된 교회 안에서 성령의 도우심과 말씀의 교훈으로 거룩하게 성장할 뿐만 아니라, 영원한 하나님의 나라를 사모하면서 구원의 기쁜 소식을 세상 끝까지 전하게 하는 데에 그 목적이 있다.

사. 침례 교단 기독교 교육의 목적

교회의 교육 목적은 사람들로 하여금,

· 성경 그리고 궁극적으로 예수 그리스도 안에서 계시된 하나님을 깨닫도록 돕는다.
· 개인적인 신앙의 헌신으로 하나님께 반응하도록 돕는다.
· 참된 의미의 제자로서 하나님의 뜻을 따르기를 애쓰도록 돕는다.
· 하나님의 교회와 교회의 선교적 사명을 효과적으로 관련지을 수 있도록 돕는다.
· 성령의 인도와 성령의 능력을 의식하며 살아가도록 돕는다.
· 기독교인으로서 성숙한 인격으로 성장할 수 있도록 돕는다.

아. 한국 기독교 장로회의 교회 교육 목적

교회 교육의 궁극적 목적은 교인들로 하여금 이미 예수 그리스도를 통해서 이룩하셨고 또 계속 성령을 통해서 이룩하고 계시는 하나님의 재창조의 역사를 깨달아 알게 하고 이에 믿음과 소망과 사랑으로 응답하게 도와 그리스도를 머리로 한 새 질서 창조의 전위대적인 백성이 되게 할 뿐 아니라 저들에게 맡겨진 사명을 다 할 수 있도록 육성하고 훈련하는 일이다.

자. 기독교 연합 선교회의 기독교 교육 철학 및 목적(미국 C&MA, 한국 예수교 성결교회)

기독교 교육 철학은 성경이 하나님의 말씀이라는 확신에 근거하여, 하나님의 계시는 사람들로 구세주되신 예수 그리스도와 인격적인 관계를 맺도록 인도하고, 그들을 영적 성숙에 이르도록 양육하고, 열매 맺는 봉사를 하도록 훈련하는 것이다.

기독교 교육은 영감으로 쓰여진 성경을 통한 성령의 역사에 의해 이루어지는 과정으로서, 이 과정은 개인개인을 중생하고, 예수 안에서 성숙하도록 장성하고, 하나님의 뜻 안에서 예수 그리스도의 지체로서 봉사를 잘 하도록 지도하는 기독교 지도력과 교육 재료와 관련되어 있다.

기독교 교육은 이미 중생의 경험을 하고 믿음 안에서 성장한 사람들, 즉 우리들과 더불어 시작된다. 이 과정은 교회 안에서 양육되고, 훈련되고, 전도의 증거를 위해 세상으로 나가는 순서로 이루어진다.

기독교 교육을 위한 업무 지침서

다원화되고 다변화된 사회로 사회 구조가 바뀌고, 생활 형태가 바뀌면서, 직장과 가정에 더 많은 시간을 할애하게 되는 현실이다. 이런 사회적인 변화로 인하여 많은 분들이 자신의 사명과 상관없이 교회일에서 좀더 자유로워지려는 경향이 생겼다.

또한 교회에서 여러 가지 사역을 담당하면서, 좀더 전문적인 사역이 필요하게 되면서, 또 교회가 성장하면서, 많은 분들이 교육 분야에서 봉사하게 되면서, 서로 간에 발생하는 업무의 중복이나 책임감이나 업무에서 오는 권한의 중복으로 인하여 본인의 의도와 상관없는 마찰이나 충돌이 발생할 수 있다.

반대로 많은 분들이 함께 교육 분야에서 사역을 담당하게 되면서, 은연중에 서로에게 책임을 넘기거나, 상대방이 모든 일을 잘 마무리할 것을 기대하는 가운데 일이 서로 미루어지는 경향도 생기고 있다.

전문성의 확보를 위해서

업무의 중복을 피하기 위해서

책임과 권한에 대한 분명한 선을 긋기 위해서

교회의 질서를 위해서 업무지침서가 필요하게 되었다.

1. 교육위원회

1. 일반적인 업무
 · 교인들에게 교육의 기회가 마련되었음을 늘 알려준다.
 · 교회의 중요한 위원회로서, 책임과 관심은 교회의 모든 교
   육 분야를 관장한다.
 · 교회의 교육 사역을 협력한다.
 · 기독교 교육 철학을 세운다.
 · 교육 목회를 확장시킨다.
 · 교육의 수준을 향상시킨다.
 · 목적을 세운다.
 · 교육 활동과 그 진행 과정을 평가한다.
 · 정책을 결정하고, 결정된 사항들이 효과적으로 수행되고
   있는지 확인한다.
 · 훌륭한 기독교 교육을 연구하고, 교회가 어떻게 그 수준에
   도달할 수 있는지 연구한다.

2. 구체적인 업무(교회마다 교회의 크기, 직원과 위원, 목적 등
이 다양하기 때문에, 교회 형편에 따라 가감할 필요가 있다.)
 · 교재를 연구하고 선택한다.
 · 기독교 교육 분야의 사역자들을 위한 훈련을 마련한다.
 · 교인들의 요구를 파악하고, 필요하다면 소그룹들을 개발

한다.

· 조직 안에서 사역할 사람들을 육성하고, 후원한다.

· 교육을 위한 예산을 마련하고 재정관계 업무를 잘 보살펴
준다.

· 교인들에게 기독교 문학을 추천하고 제공한다.

· 교인들에게 지역 내의 다른 교회들이 실시하는 각종 교육
프로그램을 소개한다.

· 교인들에게 교육 목표를 잘 해설해준다.

2. 담임 교역자-당회장/담임목사

1. 일반적인 업무

· 교회의 기능과 일상생활의 다양한 일과 연관된 교회 교육
사역을 조정한다.

· 교육위원회와 교육목사/교육사와 함께 계획을 세운다.

2. 구체적인 업무(다양하기 때문에, 필요에 따라 조정한다.)

· 가장 훌륭한 기독교 교육에 대한 최근 정보를 자세히 알고
있어야 한다.

· 가능하면 위원회 모임, 간부회의, 상임위원회 등에 참여한
다.

· 전체 교회가 교회 교육에 관심을 갖도록 한다.

· 교장과 교사들을 격려하고, 지도하고, 정보를 제공한다.

· 교회 교육 사역자들을 위한 취임 및 임직예배를 주관한다.

· 요구가 있을 때는 지도자 훈련을 위해서 직접 가르친다.

· 가능하면 많은 교회 학교 어린이들과 접촉하도록 한다.

· 교재 선택에 대해서 상담한다.

· 학부형들을 상담한다.

· 교회 교육이 가정에서 시작된다는 사실을 명심하고, 강한 가족의 유대 강화를 도모한다.

· 교회의 실질적인 운영자로서 교회 교육의 모든 관심사를 명시한다.

3. 관련 업무

· 직책상 교육위원회의 위원이다.

· 계획과 조정을 위해서 교육목사/교육사와 매주 만난다.

3. 교육목사/교육사

1. 일반적인 업무

· 교회 교육의 전체 프로그램을 개발한다.

· 교육위원회에서 제시한 목적과 교회의 프로그램들이 부합되는지 평가하고 연구한다.

· 교회에서는 교회 교육의 집행자이다. 이상적으로는, 교육목

사/교육사는 교회 교육 전체를 감독하기 위해서 한 부서에 대한 책임부담 없이 자유로워야 한다.

· 담임 교역자와 협력한다.
· 교회의 전체 교육 사역을 위한 철학과 정책을 개발하도록 지도한다.

2. 구체적인 업무(우리 교회와 똑같은 교회는 세상에 없다. 그러므로 우리 상황에 맞도록 조정해야 한다)

· 교회의 모든 부서의 교과 과정과 교재 선정을 조정한다.
· 교회 안에서의 모든 교육 활동을 조정하고 감독하면서 지도한다.
· 교육 목표들을 교회에 해설해준다.
· 사역자들을 선발하고 훈련하도록 돕는다.
· 교육 시설과 교육 자재 및 비품을 사용하는 데 불편하지 않도록, 또 적절하게 사용하도록 지도한다.
· 교회 교육의 경향에 대한 흐름을 파악하고, 이런 경향을 교회에 설명해준다.
· 교회 학교의 활동을 교회력에 맞춘다.
· 아이디어를 제시하고 상담한다.
· 교회 교육 프로그램의 개발을 유도한다.
· 교회 교육을 창조적인 눈으로 보도록 한다.
· 모든 교회 교육 사역자들의 월례회에 참여한다.

3. 관련 업무

· 담임 교역자: 교육목사/교육사는 담임 교역자와 협력해서
  사역한다.

· 당회/제직회: 어떤 경우에는 직책상 당회나 제직회에 참여
  한다. 적어도 교회의 교육 프로그램에 대한 정책이나 기획
  에 대한 정보를 제공해야 한다.

· 교육위원회: 직책상 교육위원회의 위원이다.

· 교회학교 교장: 교육목사/교육사는 교회의 모든 교회 교육
  사역을 관장한다. 교장은 교회학교의 행정 관리자이다. 교
  육목사/교육사는 교장을 위해서 지침, 기술, 자료들을 제공
  한다. 교육목사/교육사는 조정과 정책 결정 과정에서 일하
  고, 이에 반하여 교장은 교회학교 임원회의를 주관한다.

· 다른 기관: 어떤 의미에서는, 모든 교회의 기관들도— 권사
  회, 여선교회, 남선교회 등—교육 기관이다. 그러므로, 교육
  목사/교육사는 모든 기관에 대해서 조언자로서 봉사할 수
  있어야 한다. 여러 기관들과 협력하여 조정할 수 있고, 각
  기관의 모든 행사들을 교회 행사와 조정할 수 있어야 한다.

· 교단: 교육목사/교육사는 교단 교육과 지역 교회의 교육 프
  로그램을 조화시킴으로써 모든 분야에서 교단과 협력할 수
  있어야 한다. 교단의 교리와 정책에 찬성할 수 있어야 한
  다. 교육 책임자는 교단의 프로그램이나, 교재, 문서 등을
  장려할 수 있어야 한다.

· 다른 문제들: 교육목사/교육사는 모든 행사의 뒤에서 일하
  는 전문가이다. 효과적인 교육 책임자는 자신은 옆에서 기
  술적으로 인도해주면서, 다른 사람들로 하여금 앞에 나서
  도록 인도할 수 있어야 한다.

4. 교회학교 교장

1. 일반적인 업무

· 교회학교의 교장은 교회 전체의 교육 프로그램에 대한 행
  정적인 책임이 있다. 전체 프로그램에 대해, 즉 교육 프로
  그램의 목적, 교과 과정, 교육에 대한 효율성, 역학관계, 구
  조, 그리고 교회학교와 교회의 일반 기관과의 대화통로(言
  路) 등에 대해서 철저하게 익숙해야 한다.

· 교회학교 교장은 교회 헌법과 시행세칙에 의해서 세워진
  정책을 근거로 교회학교를 관장한다.

· 교육위원회와 교회의 일반 위원회에 교회학교를 대표한다.

· 사무총회에 교회학교의 프로그램에 대한 연간보고서를 제
  출한다.

· 교회학교의 구조를 조직하고, 조직 개편에 대한 모든 의견
  을 교육위원회에 제출한다.

· 교회학교의 직원들, 부서별 책임자, 총무, 교사 등을 교육
  위원회에 추천한다. 하지만 모든 직원들의 선발에 대해서

책임질 필요는 없다.

· 교회학교 회계와 함께, 교회학교 예산을 세우고 집행한다.

· 교회학교의 목적과 정책들을 실현할 수 있도록 직원들은
격려하고 인도한다.

2. 구체적인 업무(일반적인 제시일 뿐이니까, 우리 교회에 맞
도록 조절해야 한다.)

· 교사훈련을 위해서 교육위원회와 의논한다.

· 교회의 일반적인 목적을 설정하기 위해서, 또 목적 달성을
위해서 교육위원회와 협력한다.

· 계획을 세우거나 문제를 해결하는 데 있어서 각 부서의 책
임자와 의논한다.

· 모든 부서의 프로그램들을 조정한다.

· 모든 교회 교육 프로그램에 연관된 회계, 출석, 혹은 다른
것들까지도 자세한 내용들을 기록하고 보관하는 상태를 감
독하고 점검한다.

· 교사들이나 교재 사용에 관해서 표준이 되는 규범을 유지
한다.

· 교사 모집이나 보조교사의 선발을 돕는다.

· 모든 학급이 모일만큼 장소가 충분한지 점검하고, 필요한
도구와 재료들을 모든 교실마다 준비해준다.

· 교재를 기간 전에 미리 주문하도록 감독한다.

· 모든 교육 비품들이 최상의 상태로 보수되고 있는지 점검
한다.
· 교육위원회에 월례회 때마다 교회학교 교육에 관한 사항을
보고한다.
· 사역자들에게 최근의 경향과 최신 기술들을 알려준다.
· 학생들에게 장려정책을 마련해준다.
· 분기별로 각 부서의 진행사항과 필요사항을 파악하기 위
해, 개인적인 관찰을 위해서 심방한다.

3. 관련 업무
· 교회에 대하여는 교회학교의 행정가이다.
· 교회학교 직원들에게는 최고의 감독자이다.
· 학생들에게는 영적인 지도자이고 상담자이다.
· 담임 교역자와 교육목사/교육사는 함께 계획을 세우고 함
께 일할 수 있는 중요한 동역자이다.

5. 교회학교 서기

1. 일반적인 업무
· 체계적이고 정확한 기록체계를 세우고 유지한다.
· 기록에 나타난 사실들은, 필요한 모든 사람들이 이용할 수
있도록 제공해주어야 한다.

· 주일예배에 정기적으로 출석한다.

· 교회의 일반적인 모든 행사에 열심히 참여한다.

2. 구체적인 업무(자신의 필요에 따라 조정한다.)

· 교회학교의 모든 기록들이 정확하고 완전한가를 살핀다.

· 교회학교의 위원회나 임원회의, 월례회에 참석하여 기록을 남긴다.

· 필요한 모든 보고서를 작성한다.

· 교회학교의 소모품을 주문하고 배분한다.

6. 교회학교 회계

1. 일반적인 업무

· 각 교회학교의 부서나 학급에서 교회학교 시간에 헌금한 모든 금전에 대한 책임이 있다.

· 교회의 모든 행사에 열심히 참석한다.

· 교회학교 임원회의와 월례회에 참석한다.

2. 구체적인 업무(교회 필요에 따라 조정한다.)

· 매주일의 영수증을 점검해서 교회 사무실에 제출한다.

· 영수증과 지불증을 보관한다.

· 교회 정책에 따라 설정된 기금에 대한 입금과 지출을 관리

한다.
· 교회학교 전반에 걸쳐서 지원 및 봉사 사역을 장려한다.

7. 부장 - 부서 책임자

1. 일반적인 업무
· 교회학교 전체의 정책과 프로그램이 효과적으로 수행되기 위해서 업무를 분담한다.
· 자신의 부서를 운영하고 감독해서 자신의 부서가 교회 교육 프로그램의 효과적인 부서가 되도록 한다.
· 행정에 관련된 모든 일에 교회학교 일반 직원과 협력하여 자기 부서에 적용되도록 한다.
· 교과 내용과 교재들을 잘 파악하고, 자기 부서에서 교재들을 운영하도록 한다.
· 부서의 일꾼을 모집하고 훈련하는 데 협력한다.
· 부서의 기획모임을 열고 사역자 개인개인을 상담한다.
· 교역자들의 교육협의회나, 교육 훈련, 각종 집회에 참석하도록 한다.
· 기독교 교육에 관한 책과 월간지를 읽고, 사역에 도움이 될 만한 책들을 읽도록 권장한다.

2. 구체적인 업무(교회마다 임무가 다양하므로, 교회 형편에

맞추라.)

- 부서의 진행 과정과 필요한 사항과 특별한 문제점들에 대해서 교장에게 정기적으로 보고한다.
- 교재와 비품의 준비 상태를 확인하여 부서의 모든 교사들이 언제든지 활용할 수 있도록 감독한다.
- 새 학기가 시작되기 두 달 전에, 새 학기에 필요한 교육 자료와 비품을 교장이나 교회에 신청한다.
- 매주 수업이 시작되기 전에 교실을 점검하여 필요한 모든 것이 제대로 갖추어져 있는지 점검한다.
- 활용할 시간이 넉넉하도록 스케줄을 조정해준다.
- 본인이 부서의 예배를 인도하든지, 아니면 다른이에게 예배를 인도하도록 조정한다.
- 결석한 교사를 대신해 줄 사람을 충원해주거나, 본인이 직접 결석한 교사를 대신해서 가르친다.
- 정확한 기록관리를 점검하고, 규칙적인 출석을 장려하고, 결석한 학생들의 사후 처리를 감독한다.
- 부서의 모임을 기획하고 인도한다.
- 심방이나 교사-학부형 모임을 통해서, 가정과의 유대관계를 강화한다.
- 타 교육부서나 외부의 교육 기관과 협력한다.

8. 부서 총무/부서 서기

1. 일반적인 업무
· 부서의 신입생 등록 상태와 출석 상황을 점검한다.

2. 구체적인 업무
· 출석부를 배포하고 수집하여 점검한다.
· 교재와 비품을 나눠주고, 교회의 각종 홍보물, 인쇄물을 배
  포한다.
· 부장에게 부서의 업무를 명확하고 간결하게 보고한다.
· 부서의 결석자를 사후 관리한다.
· 교사들이 작성한 출석부를 재점검한다.
· 교회학교의 월례회와 임원회에 참석한다.

9. 교사

1. 일반적인 업무
· 질환이나 비상 상황이 아니라면 부서 예배와 수업에 출석
  한다. 결석해야 할 경우에는, 부장이나 총무에게 미리 연락
  하여 다른 사람이 준비할 시간을 충분히 갖도록 배려한다.
· 주일예배에 정기적으로 출석하여 신앙의 모범을 보인다.
· 부서별로 모이는 월례회의와 교사모임에 참석한다.

· 교회나 지방회, 총회가 실시하는 각종 교사교육에 참석한
다.
· 교사 활동을 증진시켜 줄 도서와 월간지를 구독한다.

2. 구체적인 업무(교회마다, 학년마다, 반마다 상황이 다르므
로, 자신의 반에 맞춰야 한다.)
· 매주 수업 준비는 되도록 일찍 시작한다.
· 자기 반에 필요한 학습 자료, 교육 비품, 활동 자료는 본인
에게 책임이 있으므로, 미리 총무나 부장에게 알린다.
· 수업 전에 자기 교실에 필요한 모든 것이 준비되고, 교실이
정리정돈되어 있는지 확인한다.
· 학생들이 도착하기 전, 적어도 15분 전에는 예배실 혹은 교
실에서 기다리고 있어야 한다.
· 자신이 담당한 학생의 모든 기록을 정확하게 관리하고, 출
석부를 잘 정리하고, 매주 부장에게 정확하게 보고한다.
· 자신이 담당하고 있는 모든 학생들의 집을 가능하면 정기
적으로 심방한다.
· 결석한 학생은 전화나 편지, 심방을 통해서 결석한 이유를
확인하고, 필요한 사항과 문제되는 사항을 부장이나 목회
자들에게 보고한다.
· 부서의 월례회나 각종 모임에 참석한다.

충성된 제직 만들기 12주 프로젝트(지도자용)

2001년 4월 9일 초판 발행
지은이 • 이영운
발행인 • 김수곤
발행처 • 선교횃불
등록일 • 1999년 9월 21일 제54호
등록주소 • 서울시 송파구 삼전동 103번지
전　화 • (02)2203-2739
팩　스 • (02)2203-2738

ISBN 89-89615-98-4 03230

총　판 • 선교횃불

영국의 에딘바라대학교와
미국의 워싱턴대학에서
19년간 신학교수로 재직하고
미국교회에서 9년, 한인교회에서
11년 목회한 김상복 목사의
해박한 신학과 풍성한 목회경험이
단행본으로 묶어져 도서출판 횃불을
통해 선보입니다.
이제 김상복 목사의 꼼꼼하고도
치밀한 성경해석과
풍성하고도 생생한 신앙의 교훈들을,
도서출판 횃불에서 펴내는
김상복 목사의 설교집을 통해
만나보십시오.

잃어버린 왕좌

신학 강의와 일선 목회를 통한
생생한 예화와, 저자 특유의
꼼꼼한 분석 및 이해하기 쉬운
설명이 돋보이는
창세기 강해 첫째 권.

신국판/ 311쪽/ 8,500원

모험을 두려워 말라

성공적인 인생을 살기 원하십니까?
모험을 두려워 하십니까?
믿음이 있는 삶을,
모험이 있는 삶을 사십시오.
「모험을 두려워 말라」와 함께
김상복 목사가 안내하는
신앙의 모험을 떠나보십시오.

신국판/ 424쪽/ 11,000원

이길 때까지 싸우라

평화의 사람 이삭과,
하나님과 겨루어 이기기까지
자신의 욕망을 추구했던
집념의 사람 야곱의
생애를 통해 우리의
모습을 돌아보게 하는
창세기 강해 셋째 권

신국판/ 312쪽/ 6,900원

꿈은 이루어진다

어려운 환경 속에서도 하나님이
주신 꿈을 현실로 이루어낸
요셉의 생애와 신앙을
다룬 김상복 목사의
창세기 강해 마지막 권

신국판/ 393쪽/ 10,500원

로마서 강해

기독교의 주요 교리와 윤리가 체계적으로
정리된 로마서를 깊이 있는 신학과 균형잡힌
신앙을 통해 생동감이 있고 은혜감이 풍성하게
독자에게 전달 되도록 한 강해 설교집

1권 : 493쪽 / 12,500원 2권 : 522쪽 / 14,500원

· 신앙생활이 형식적이 되고
가슴의 뜨거움은 식어버리셨습니까?
· 주님에 대한 첫사랑을 잃어버리셨습니까?
· 누구나 고민하지만 아무에게나 말 못하는
28가지 이야기에 대해 권성수 교수가 들려주는
말씀을 통하여 믿음의 불길이 다시 타오르게 하십시오.

신국판 / 424쪽 / 13,500원

시련을 너끈히 이기는 하나님의 은혜

- 베드로전서 강해 -

깊이있고 탁월한 해석을 통해 인생의 시련을 극복하는 길
을 제시하는 권성수 교수의 베드로전서 강해.

신국판 / 상하 합본호 / 9,800원

청년과 신앙

오늘을 사는 기독청년들에게 여러
가지 현실적인 이슈들에 대한 성
경적인 지침을 들려주는, 삶의 변
혁을 위한 신앙강좌.

신국판 / 202쪽 / 5,300원

종말과 영성

재림과 종말 대비를 위한 성령의
능력해 이야기하는 대한 권성수 교
수의 신앙강좌. 삶의 변혁을 위한
권성수 교수의 신앙강좌 제2권.

신국판 / 296쪽 / 6,500원

경건 시리즈

저더러 이걸 뛰어넘으라구요?

인생의 어려운 순간들을 통해 발견한 희생과 사랑, 그리고 주님께 드리는 삶의 태도에 대해 잔잔하게 기록한 한 폭 수채화 같은 감동이 있는 믿음의 글모음.

(롯 센터 지음/하현옥 옮김 /신국판/495쪽/3,500원 /도서출판 햇불 펴냄)

성령 안에서 하나 주안에서 하나

성령의 인격과 성령의 사역에 대한 올바른 이해를 돕고, 진정으로 성령 안에서 하나 되는 길을 제시한 성령론.

(데이비드 왓슨 지음/김진우 옮김 /신국판/122쪽/2,900원)

예수를 아십니까?

예수님을 초점으로 한 요한복음의 강해를 통해 복음의 진리를 분명하게 선포하여 구도자들을 구원하는 데 이르도록 하며, 일반 성도들에게는 첫사랑의 회복을 느끼게 하는 책.

(김건환 지음/신국판/ 278쪽/6,400원)

창세기를 통해 말씀하시는 하나님

창세기 한 구절 한 구절을 묵상하고, 교훈을 찾고, 삶에 적용할 수 있도록 도와줄 적절한 예화와 깊이 있고 균형 잡힌 신학 해석이 풍성하게 들어있다.

(앤 그래햄 로츠 지음/김형준, 지명수 옮김/46배판/312쪽/ 8,500원/도서출판 햇불)

그리스도의 유일성과 종교다원주의

세계적으로 유명한 신학자들이 마닐라에 모여 발표한 논문. 그리스도의 유일성에 대한 다원주의 사회의 도전을 명백히 이해시키며 다원주의에 대한 성경적인 답변을 발견케 하고 복음적인 기독교 내에서도 어떤 해석상의 차이점이 있는지를 인식시키는 일에 도움을 줄 것이다.

(도서출판 햇불/브루스 니콜스 엮음/ 노봉린 박사 옮김/신국판/561쪽/15,000원)

21세기 리더십을 계발하라

한국교회에는 새로운 리더십이 필요하다! 지도자는 훈련에 의해 만들어진다! 평신도 리더십이 세워져야 한다! 당신의 리더십을 계발해 드립니다.

(도서출판 햇불/ 김기제 지음/ 신국판/ 278쪽/ 8,000)